新世紀叢書

當代重要思潮・人文心靈・宗教・社會文化關懷

走過人生關卡

生命的大智慧

少年的成長關　中年的事業關　老年的休閒關

作者◎王邦雄

走過人生關卡

【目錄】本書總頁數共192頁

4 自我的重新探索 109

附錄・人生對話 149

新版自序／王邦雄

《人生關卡》是二十年前一系列演講的文字呈現，為了保留現場的氛圍，未經修飾與增補，即以素樸面貌與讀者見面。今書舖上久已不見此書的身影，承立緒出版社的道義支持，稍作潤飾與修補，而以《走過人生關卡》新版刊行。趁校對之便，重讀此書，感觸仍深，雖二十年過去了，人物幾經來去起落，人間多少聚散離合，而人生依舊在「過關」與被「卡住」間擺盪。

加上「走過」二字，意謂由靜態的現象描述，推向動態的價值追尋，關卡總等在那裡，問題是，要如何走過？能帶我們過關的生命主體的心靈，會把我們卡住的則是形氣物欲的血氣，也就是自家的「心」，正在過自家「氣」的關。

由於少、中、老年的生命「血氣」，有「未定」、「方剛」與「既衰」的強度分異，生命面對的「戒」，就有「在色」、「在鬥」與「在得」的關卡考驗，並展開了少年「未定」過成長關，中年「方剛」過事業關，老年「既衰」過休閒關的生命進程。

所謂的「戒」，介於言語告誡與修行戒律之間，依自家的體會，就以「關卡」解讀，較貼近孔夫子「君子有三戒」，與莊子「天下有大戒二」的理趣。說過關，已涵蘊有被卡住的相對可能，人生的正面總帶出它的反面，「心」發動的情，不論是親情、愛情、友情，在人與人間互動交會的何止是萬萬情，每一分的情也帶出它的負作用，在對應錯落間，不免在心底打一個放不下的結，所以說心有千千結。情關所以難過，理由在心結難解，忘不了也就走不開，打的是解不開的死結。再深進一層說，情是愛，河洛話說「愛」是「痛」，正面的疼愛引發它的後遺症，成了反面的疼痛。原來，愛就是痛，最愛也最痛，台灣鄉土情人間唱出的歌詞，竟是「你是我心中永遠的痛」！此逼出一個弔詭，不痛之道何在，就在不愛；而人生抽離了愛，不就歸於空白而墮於虛無了嗎？

如是，「心」過關而「氣」卡住，真「情」繫屬而打成了死「結」，「愛」的美好也成了生命的「痛」，情愛終究在人間飄零，而難以修成正果。癥結在，「心」的愛要通過「氣」來擔負實現，而擔負在心知執著之下成了負擔，而實現在人為造作之下轉為現實，負擔負累，而現實無奈，以致我們對最愛的人，生最大的氣，疼愛就此自我異化，而成了疼痛。情扭曲墮為情結，愛變質竟成傷痛，情愛本身不會壞掉，會壞掉的是心的痴迷鼓動氣的狂熱，心愛卻說氣話，自己氣壞了，也把心所愛的人氣走了，情愛決裂，而美夢破碎。

故在儒家人生三關的考驗磨練中，要消化道家在放下中成全的智慧，心知不執著，人為不造作，不求壯大自己，也就不會逼自己去打天下，心不迷失，氣不狂亂，心帶動氣走向成長，心引導氣走向創業，心放下氣回歸休閒，不僅心過關而不被氣卡住，且活出氣的亮麗光采。

統貫的說，少年成長在變化氣質，中年創業在把握氣運，而老年休閒在扭轉氣數。成長比才氣，創業靠機遇，而休閒開顯境界。此人生全程皆由心主導，在變化氣質中把握氣運，也在把握氣運中扭轉氣數。所謂「走過」，要由知命而立命，再由立命而改命，心不被氣卡住，情不被結卡住，愛也不被痛卡住。情愛或許可以修成正果，人生也不再飄零了。

人人過自己的關，也帶三代人一起過關，從自我的成長，走向天下的事業，再由天下的事業，走上天地的境界，如是少中老的人生三階段，是由擴大而上升的進程，所以說人生過關，才看到遠景。

王邦雄謹序　民國一〇三年元月十五日

導讀

人生關卡

在人間行走了半世紀的長途，不喜也不慣擺出說教的架勢，教了二、三十年書，不過做學生的朋友而已，更貼切的說，陪他們走過人生的關卡，在承受考驗的關鍵性時刻，守在身邊護持，如是浪漫少年，面對難關，也可以過關，而不被卡住了。

每一個人的一生，都通過自己獨特的形式，在人生舞台演出，並相互印證，彼此分享。一方面我們都是獨一無二，開發自己的創意與風格，另一方面我們又可以相知交感，體會親人友朋的夢想與抱憾。所以，人生路上沒有什麼權威專家，只有認真實踐的行者。

「人生關卡」系列，是自家從一十五到五十一，一路行來的觸動感懷。依據文化傳統的世界觀與價值觀，來照察人生行程的關卡，並尋求過關而不被卡住的理念進路。全程分四講次進行討論：

一、走過人生的關卡

二、立足人間與行走人間

三、飛越生死大關

四、自我的重新探索

「走過人生的關卡」，依《論語》「君子有三戒」，來講人生三難關。少年過的是成長關，中年過的是創業關，老年過的是休閒關，此中成長可能被情愛卡住，創業可能被名利卡住，休閒可能被寂寞卡住。「戒」有過關與不被卡住的雙重意思，問題在，二者是一體之兩面，人的長處可能正是人的短處，把負面的障礙，轉為正面的動力，才是孔子告戒我們的用心所在。情愛可以支持成長，名利可以激發創業，寂寞可以帶動休閒，人生就此從「戒」中解放了出來，而展現全新的風貌。

「立足人間與行走人間」，依《莊子》「天下有大戒二」，來講人間兩大關。第一先天的大關，是從父子來的「命」，第二後天的大關，是從君臣來的「義」。子之愛親是本質的命，天生而有，形同命定，所以父子的愛是不可解的；臣之事君是發生的義，既是人間發生的，理論上就可以不讓它發生，問題是，不管到哪裡，都活在某一政治體制的制約中，所以是無所逃的。既是無所逃，就把它看做是不可解，把後天的不公正當做先天的殘缺吧！好人沒有好報的正義問題，也就可以安之若命，不傷感也不抗拒了。

「飛越生死大關」，是站在儒道兩家的價值體系，來看人生三難關、人間兩大關之外的最後一關。人有生就有死，生死超越在吾人的理性思考之上，不能靠才學志氣、身分地位來立足行走，而要靠人格的修養、心靈的願力與宗教的功德，來做一精神的飛越工夫了。儒家的不死之道，在生生不息，代代相傳，生之前從祖宗來，死之後到子孫去，生命有如長江大河，永不斷流；道家的不死之道，在不執著生，死就沒有存活的餘地，沒有生就沒有死，置之死地而後生，我連生都不要了，死就不再能壓迫我，甚至擺脫了死亡的陰影，人才開始真正的活，全然的生。

「自我的重新探索」，則是統貫的講。人生三難關，是站在自然物的層次，由生命血氣的未定、方剛、已衰，來析論人生老、中、少三階段自身所帶出來的難關；人間兩大關，是站在社會人的層次，由天生的命要立，與人間的義要行，來論定立足人間要立得住，行走人間要行得通的兩大關；生死最後一關，是站在人文心的層次，由愛心的生發創造，與無心的空靈觀照，來透視這既不可解又無所逃的最後關卡，要如何飛越的終極問題。

不管是三難關，兩大關與最後一關，總匯歸在「自我」的身上。屬於自然物層次的才氣，要跳開棄才逸氣的陷阱，也要化掉優越感英雄氣的傲慢，才學志氣兼修，完成自我的成長。屬於社會人層次的名利權勢，要避免權力欲與名利心的執迷熱狂，把名利導向品格，而權勢堅守道義，不可歸入私家，在結構中運作，使成為造福群體的公器，以開創天下的事業。屬於人文心層次的理想情意，要一體並行，理想沒有情意的滋潤，則顯乾枯，僅成空理；情意沒有理想的規範，則會流盪，而成濫情。理想實現是善，情意追尋是美，盡善盡美，可以擁有天地悠遊的理境。

走過人生三難關，解開人間兩大關，與飛越生死最後一關，皆有待於自我的重新探索，與生命的全幅展開。在走過的同時解開，在解開的同時飛越，自我的價值，也在走過、解開與飛越的同時，得到充盡的實現。

人物的才情學問，人間的名利權勢，當面對最後一關時，終究無用。所以，人生到最後，還是比道行，人格修養、宗教信仰，總是要修行，要修成正果，功德獻給天下，也留給自身，更留存在兒孫的身上。

感謝洪建全基金會文經學苑的用心安排，讓「人生關卡」，可以一系列的發表出來，從言語到文字，盡可能保存現場感。也感謝每一位參與現場的朋友，大家共同來走過、解開、來飛越、來重新探索，也共同的來完成了這一本人生的小書。

盼望有更多錯過現場的朋友，經由閱讀，也重新回到現場，來咀嚼品味。相信人生永遠等待每一個自我，隨時可以回來，立足行走，展現人生另一面相的姿采，開顯人生另一境界的風格。

寫於民國八十一年十月

1

走過人生的關卡

今天很高興能跟關心人生的朋友談談我對人生的理念。我們都這樣活過來的，一天一天的過，一年一年的過，甚至一生一生的過，一代一代的過。日子並不是那麼容易過的，歲月並不是那麼容易過的，但是我們都走過來了，而且還有一些感受、體驗和智慧。在親人朋友之間，如果能交換彼此的心得，亦即所謂的聊天談心，或許我們就不僅是自己在過自己的每一天、每一年，或是自己在過自己的一生，我們還可以支持我們的父母、兒女，通過人生的關卡。也只有在大家都過關時，我們才算過關。假定大家都過不好，我們本身也會過不好。所以人生的關卡是每個人都要過的。

人生的關卡來自人的自己

過關的是我自己，卡住的也是我自己

人生就是人要過一生；人生就是要把自己活出來。所以問題就出在我們這個「人」，而所有的希望也是我們這個「人」，所以要過關的是我們自己，會把自己卡住的也是我們自己。人會把自己卡住，少年過不去，中年過不去，老年也會過不去，那人生就難過了。所以，人生的希望是人的自己，人生的難題也是人的自己，我們其實是揹負自己走天涯。從小到大的人生歷程，我們一直是揹著自己走在人生艱苦的道路上。所以每個人都希望通過每個關卡，而且不被卡住。

過關是我的心靈，卡住是我的血氣

會把我們卡住的是什麼？就是自己屬於人的那份自然生命，就是我們的血氣。人生有不同的成長階段及健康狀態，這就是我們的關卡。人一生的老、中、少都有關卡，這來自於我們的體能和人生階段，這是個關卡，是個問題。但若要躍過關卡必須靠自己的關心、愛心、責任感及理想性，如此才能安然通過人生旅程的關卡。但不僅要自己過關，更要幫助父母子女過關，所以要面對人生三關。

人生三關：少年、中年、老年

這樣的一個觀點是孔子先提出來的，他說「君子有三戒」，是人生的關卡，是一定要通過的，不然就會被卡住。「戒」有點像宗教戒律，但不同的是他要我們警惕用心、自我鼓舞，把「戒」當做是人生的重點。「君子有三戒」是說在成德的路上有少年、壯年、老年等三大關要過，可謂人生最簡單的階段性區分。假定三代同堂的話，老、中、少，或祖父母、父母、子女就是家庭最基本的結構。而人的成長過程也是由少年到中年到老年是必經的三階段。社會也相同，一代傳一代，可分為老中少三代，因此要整個社會群體能過關，我們才能過。

人生就是生命的長流，每個人都要走這樣的旅程。有時我還想著：當初我才一十五歲呢！現在卻已反過來了，變成五十一歲了。時間過得好快！不僅是我們要走這樣的旅程，我們的爸爸、媽媽、孩子也要走這樣的旅程。一家人在過關，整個社會也在過關；不然家庭會被卡住，社會也會被卡住；假若老、中、少通不過的話，少年人就被中年人卡住，中年人就被老年人卡住，老年人也會被中年人和少年人卡住；兒女、孫兒女過不好，老年人便很難有美好的晚年。

我有一個體驗：前兩年，我母親在馬偕醫院加護病房住院，午夜兩、三點，我從醫院出來，搭上一部計程車。路上，司機先生在午夜的街頭似乎較有靈感，對人生有種觸動。因為午夜人都不見了，街頭平靜下來，也是反省人生最好的時候。當時他問了一個問題：「人為什麼活著？」接著他說：我們年少時混沌無知，等到長大成人了，馬上面對的是家庭和社會的責任，終日為生計奔走，緊張忙碌。哪一天退休了，眼也看不清，耳也聽不見了，那麼我們到底是為什麼活著？人生都被卡住，該怎麼過呢？意義在哪裡呢？

我的回答是這樣子的：小時候，我們什麼都不知道，來到這個世界，為的是讓父母親高興，讓祖父母覺得有希望。假定一家人沒有年少後生持續加入行列，只要日子每過一天，就是更加衰老一天。中年人、老年人可以過關，就是因為新生命的誕生能夠給予全家希望、生機和活力。雖然那時似乎什麼都不知道，但還是活得很好，是為了父母、祖父母活著；到成年以後，我們開始為生計奔波，承擔家庭責任、社會責任，我們都認了，因為我們要養大兒女，要孝敬父母，是心甘情願、無怨無悔的，因為他們是我的父母、是我的兒女。哪一天老了，退休了，看不到也走不動了，好像滿傷感的，但是我說，假定到了那個年齡，一定要好好活著，開朗且健康的活著。為什麼？為的是看孫兒女的長大，為了看兒女的成功。假定在他們長大成功的時侯，我們不在了，他們會有莫大的遺憾。如此就是人生的全程，我們自己過了，全家也過了，全家人就是親情的團隊，一個共同過關的隊伍。所以我們接受孔夫子的說法，把人生的關卡用老中少來區分，然後再來探討「少年過什麼關」，「中年過什麼關」，「老年過什麼關」等各個階段所要過的關。

人生有三關——君子有三戒

剛剛我說，過關的是我自己，卡住我的也是自己；能過關是我的心靈，給出愛的心，會卡住的是我這人的形體、氣質，定不住自己的生命血氣。所以孔夫子在講人生三關時是用老、中、少三代來說的。

年少是自我成長的「情愛關」
「少之時，血氣未定，戒之在色。」

孔子說：「少之時，血氣未定。」在中國民間醫藥傳統，少年期是要「轉大人」（即台語轉變成大人之意），似乎該給一點營養，甚至煮中藥補身。所以在轉向大人的過程叫血氣未定，因為正在成長階段，所以還不穩定，尚未成熟，同時也還未定型、還未長成。從不穩定來說就是危機，如孩子在國中階段到高一、二，他會搖擺、起伏、多愁善感，面對聯考壓力，與同學友朋相處，都會考慮人家是否接受他，是否喜歡他的問題。但從還未定型來看，代表的就是希望，可以塑造、教育他，因為他是靈活、柔軟的，就像一件藝術品，可以隨父母老師的理想來塑造他。

孔子接著說：「戒之在色。」這個色顯然是青春美色，給一個新的解釋就是指花樣年華，這個關卡就在年少的一種青春浪漫。少年太多愁善感，太有想像力，太有活動力，對這個世界充滿好奇，一定要衝出去這邊看看，那邊看看，只因為他要成長。而且他似乎總要吸引別人的注意，因為他自己是亮麗的，所有的朋友也一樣的亮麗。因此所謂的「戒」，就是他可能帶來一個希望，同時也面對危機。這個時候就應該過關，過「青春年少的關」。因為還未定型，關卡就是自我的成長。

青少年最重要的問題就是自己，如何讓自己在記憶力最強、最敏感、最有想像力、最有活力的階段，好好的讀幾年書最重要，因為此時讀的書將可受用一生。但最大的難題是，這時自己是花樣年華，社會又是那麼多采多姿、有聲有色，所以青少年很容易被自己吸引，被社會吸引，會忙著打扮，忙著追求時髦，很有可能錯過了最重要的成長階段。所以人生的問題，很多決定性都在青少年時期，而青少年卻很容易被自己的青春浪漫打敗。

在青少年時整個身體像大人，但難題是他的心靈像小孩。有時媽媽會罵兒女：「都這麼高了，比爸媽高還這樣子！」沒錯，他是比你高、比你重，但他還只是個國小五、六年級，或國中一、二年級的孩子，他對自己的身體狀況充滿了驚恐、不安甚至尷尬。明明自己還是小孩，人家卻都說他這麼大了，所以有時他為了掩藏不安，就用叛逆來表現，這是很關鍵性的叛逆期和反抗期。父母老師所說的，他都不聽，似乎唯有如此才能證明他是大人，而且會表現出父母或老師很難接受的狀況。所以有時大人會傷感、受挫：我那麼愛你，無條件的，你怎麼講那種話呢？因此家庭和學校很可能在這個時候放棄他們。假如大人在這個時候放棄他們，他們就很可能失去過關的機會，甚至走入街頭流浪的青少年團體，還來不及長大就被自己青春年少的「關」給卡住了。

更嚴重的是這時期人格不穩定，人生價值觀還未確立，就面對情愛，對異性充滿好奇，而被吸引，人生最大的難題就在我們走向戀愛的階段時，正好在人生最不穩定的階段。一生決定性的讀書就在這個階段，聯考就在這個階段，決定一生幸福的戀愛也就在這個階段。整個決定性在青少年，所以他可能是希望，但永遠面對危機，這就是人生的第一個關卡——「少年的情愛關」。人生的行程最敏銳、最有感受、最深刻、最有觸動，會一生難忘的是年少的情愛，往往會無條件的一頭栽進去，沒有現實思考，只為了愛。這點需要父母、師長的同情，而父母師長只要想想自己的過去，就應該能體諒與尊重。像我和大學部或研究所的學生對談時，最真誠的表現就是讓時光倒流，回到像他一樣的年紀，想像那時候的自己是如何；在那一剎那間，我彷彿又年輕了好幾十歲，和他們共同面對年少的成長問題，面對年少情愛的微妙問題。因為我們是過來人，更應該感同身受，不要用中年成熟的眼光來看不免青澀的青少年。

中年是天下名利的「事業關」
「及其壯也，血氣方剛，戒之在鬥。」

歲月是奔流的，它永遠不會為我們留下它前進的腳步，即使是青春年少，花樣年華，它總是會過去。所以人會在時間的步伐裡走進中年。孔子說：「及其壯也，血氣方剛。」人生旅程分老中少，但孔子不說中年而說壯年，是因為想強調自然生命的健康狀況，他認為中年人是時代的中流砥柱，老年、少年都要靠他，所以他非壯不可。假如中年這一代動搖的話，年少的就不能長成，年老的也不能養老，此時人生的關卡不同於前了，不像少年期的人會徬徨動搖、會誤入歧途、會自我陷落，因為不穩定的緣故。到了中年，血氣方剛，是自然生命正強的時候，一切已然定型。從少年昇進到中年，方剛和未定做一對比的話，未定象徵了一切的希望、一切的機會，可塑性很強；方剛則已經定型，不再青春浪漫，自我也不再成長。

年少的歲月是隨著時間越來越成長、越來越精采、越來越有分量，中年則有些疲累傷感。在此告訴各位一個中年人的祕密——我現在已不看自己，而是看兒女，因為他們不僅是我的希望，他們其實就是我，代表我再活一生。因為從自然生命來說，我的成長已經停止，不再有想像力，靈感、創意及活力也隨著歲月而衰退。以前一天可以趕三場電影，現在是約好明天要看電影，今天就開始累了，這就是中年。一切伸縮性、可塑性的空間都變得狹窄，中年的「血氣方剛」，可以說是生命中的可能美好都僵住了。「英雄出少年」，所以少年會看不起世俗社會，看不起中年人，他不懂為什麼父母這麼庸俗。他們不曉得父母是為他們著想，若沒有孩子的牽繫，他們才不庸俗呢！才浪漫呢！但做父母的都認了。因為下一代的少年正在成長，他們的一切都是美好的，走到哪裡都有情趣，做什麼事都有活力，穿什麼都漂亮，可以參加任何活動，生動的在街道上行走，就因為有他們，所以世界才會這麼靈動，否則是滿荒涼、寂寞的。

有一回我女兒跟我說：「爸爸，我要到碧潭去露營！」我看了她一眼，說：「為什麼要去郊外露營呢？好辛苦，又要挑水，又要生火，不如跟爸爸在家裡來個茶道會，品茶又聊天，多好啊！」她白了我一眼，結果還是參加了露營。這顯然就是少年的兒女和中年的父母間有代溝的存在，這代溝來自於彼此的體能、活力不同。所以中年人最大的難題是已經停止成長，每一天都有壓力。面對生命的轉關，少年是走上坡，中年時則開始走下坡，就像當兵剩下一年，開始由三百六十五個饅頭倒數了。所以說此時戒之在「鬥」，因為中年人將失去青春浪漫的美好，他必須到社會上爭取事業、身分、地位等名利權勢的光采，尋求開創第二春的可能（少年是第一春）。中年的關和青少年的關不同，青少年的關是他自己，只要自己成長就好，而中年人面對的是天下的名利、權勢，所以一切的聲光，一切的精采都在這裡。

所謂「鬥」，就是奔競、爭逐，拿一句話來說就是「打天下」。所以中年人面對的是一個事業的關，是由年少情愛關邁向事業關，從自我走向天下，天下卻是複雜的，你想要的別人也都想要。面對競爭激烈的人間街頭，欲求也越多，這就是一個關卡。年輕時對世界的憧憬、想望漸漸消失，面對現實壓力，使鬥成為惡形惡狀。他既要引導年少一代的進路，又要承擔照顧年老一代的責任，自己又面對一個事業開創的關卡，因此中年人的現實思考較強，壓力是很大的。所以子女應該給中年期的父母一分同情。

老年是天地自然的「健康關」

「及其老也，血氣已衰，戒之在得。」

其次不管是一家的結構還是生命的長流，總是有老年人或是會走到年老的階段，孔子說：「及其老矣，血氣已衰。」此時不僅生命力衰退，健康大不如前，年少的浪漫、成長沒有了，中年的精明、事業也退出了。自我是屬於少年人的，天下是屬於中年人的，老年人似乎一無所有，因此叫退休，就是從人間隱退，從事業退出來，讓過去的風光如過眼雲煙般遙遙遠去。這時年少時的自我美好沒有了，中年時的天下聲勢也沒有了，所謂「戒之在得」，這時的關卡、這時的難題，就是在老年總想抓住既有的一切。

反映最明顯的是：他對過去之事都記得，對現在的事卻都忘記。像我在念大學時，家住在西螺鄉下，寒暑假回家時拜訪左鄰右舍的某些長輩，我常有機會跟他們聊天。一位老祖母看到我就問：「你是誰啊？」我回答：「我是王邦雄。」講沒兩句話她又問：「你是誰啊？」我只好再告訴她。這樣的情況是每隔幾秒就重演一次，雖然如此，她卻能將年少時的往事，如數家珍的侃侃而談，因為那是她僅有的美好回憶。老年人因為生命力和記憶力的衰退，對當前事物已失去了感受，因此都在回憶，對年輕的一代說話，也總說過去的情事。所以我有一個觸動，做兒女的有孝心的話，一定要與長輩聊他年輕時代的事，他不說，你先提，這樣才是體貼，也才能幫助他們過關。不要讓他們覺得自己一無所有，認為家庭社會都不需要他了。

老年的難題就是「得」，老想抓住不放，因為這是他僅有的。退休原本該是放下一切，回歸天地，難題卻在於他經常是放不下。事實上，老年人的自我過去了，成長過去了；天下過去了，名利過去了，這時他應該可以回歸天地。少年時人僅注重自己，中年時人看重天下，真正能領會天地，看出天長地久的是老年人。所以老年應該心不老，是可以往人生境界上提昇。少年只看到自我的成長，中年只看到天下的事業，老年時正可以回歸天地，此時的世界是天地自然，不再是名利、權勢，不再是青春浪漫、時髦流行，就在天地自然。所以從人間退出來，從天下退出來，就是回歸天地，可以悠閒的生活。只有全部都放下，才能包容人生成長的艱難、社會競爭的激烈，也才能體會兒女在每一階段所受的苦。假如在此關鍵，他還想抓住不放，會變成討人厭的老人，兒女、孫子看到他就想走開，兩個老的只好相對無言。這是非常不合人道觀念的。

所以老年的關卡在「健康」，越能放下，越是健康；越放不開，壓力越大。其實三代同堂就是老年人的天堂，假如做得到的話，請堅持三代同堂。有些人會認為老年人難以相處，往往會產生媳婦把兒子搶走，因為一家之主不是她。所以三代同堂的可能性是：老年人不要以公婆自居，當兒子迎娶媳婦入門後，不僅要在事業上退休，更要在家事中退休——要傳家，把一切傳給下一代，即使是家中的擺飾，日常的行程，都由他們決定，這樣媳婦才有建立自己新家庭的感受。因為屬於他們的年代已經來臨，而老年人則剛好退休，回歸天地自然，在山水田園中，活出一個藝術美感的晚年。這樣就是老年這一關的「戒之在得」。「得」則是握在手上，不給兒女機會，這樣老年人會擋住了中年人的生路，會擋住了孫兒女的進路，所以要「戒」。要知道，兒子是我，孫兒女也是我，何必「得」在自己呢？

經過孔子的分析，我們知道人生的階段分老中少，我們的身體狀況就是血氣，少年未定、中年方剛、老年已衰。所以老年人不論再有多大的耐力及愛心，血氣都已衰了，不能再像中年人一樣承擔社會重任，非退休不可，不能不服老了。所以老年應該去過關，過不去，就被卡住了。

整體而言，少時自我成長面臨的是情愛關；中年角逐天下面對的是事業關；

老年時自我過去了，天下也放開了，所以他只剩下天地。因此老年人則可以喝喝茶、寫寫書法，看看天地間的風景，將自己的智慧回饋給社會。

修行過三關

以上三個階段都有所謂的「卡」，那麼，要如何過關呢？

年少是「未定直叩情愛關」

過關憑藉「吾十有五而志於學，三十而立。」

這個難題就是當年少還未定型，還在成長中，還在求學階段時，就馬上要面對情愛關。所謂「直叩」就是直接面對，因為「少年十五二十時」滿腔生命都是愛，對世界充滿好奇與探索，此時友情、愛情正是他們的一切。雖然就承擔能力而言較為脆弱，但感應能力卻最強，這時要讓他們過「情愛關」，不論學校、家庭，都要通過教育、教養來引導他們。所以孔子在談少年時有兩句話可做為過關的憑藉：「吾十有五而志於學，三十而立。」就是把少年的界域擴大成十五至三十歲間。十五歲以前聽從父母的安排，十五歲以後，他已開始走向自我獨立的旅程。如父母邀小孩一起去看電影就被拒絕，因為他要跟同學去。此時雖然一切未定，卻是學習的最好狀態。可以跟父母、老師或社會各行各業來學習。血氣的氣似乎是指氣力，但請別忘了人還有才氣，每個人都有才情的，所謂「天生我才必有用」，端視身邊的長輩發現與否。

有才氣的人，是否能得到學習機會很重要，天生的才是種子，才藝班、學校就是土地，孩子的種子要落地才能生根。所以要過關就必須念書，不穩定則需要立志。「才」要靠「學」，「氣」則要有「志」向。少年很好強，動不動就發脾氣、生悶氣，還嫌大人銅臭氣。從前我在一女中教書時，就有人因為討厭數學老師每每在上課時炫耀補習高收入的意態，就不喜歡數學。但她並沒想到，必須為自己念書，而不是為那個老師。由於這個年紀很容易多愁善感，生自己和社會的氣，所以必須幫助他們找到方向，把他的氣變成志氣；讓年少的朋友有志氣、有才學。才氣是天生的，若能將「才」落在「學」，「氣」追隨「志」，那才是人生的成長。有些大師到了七、八十歲甚至九十幾歲，都還在成長，原因就在於能把「才」轉成「學」。天生的才要通過學才能開花結果，所以一定要讓子女受良好的教育，一生的「才」才能長久，學問才是讓我們長久的唯一管道。

氣是會散失的，比如說過暑假時，每個人都立了大志要好好念書。像吾家女兒就到書局買了十幾二十本書，等到暑假過了，卻一本也沒看。因為她的氣流盪在客廳、廚房、臥室和父親的書房之間，每天都在巡視問候：「爸爸你好嗎？媽媽你好嗎？」答案若都是肯定的，她也就很好了。氣會散失，需凝聚成志才能突破。如西漢匈奴肆虐邊境，萬里長城全線佈防，卻力量分散，當調集大軍反擊時，他們早已跑遠。所以大將衛青、霍去病改變戰略，開塞出擊，絕漠遠征，因力量凝眾而打敗匈奴。

若青少年不愛讀書，喜歡和人一爭高下，就讓他當國手，為國人打敗其他國家。我少年時最大的期望就是當國手，在冬天的寒夜裡幾個熱血少年，佇立在電線桿下聽中廣的籃球轉播，因為年少最大的願望就是能為國家爭取榮耀，氣往這邊轉，才是健康的。或是將氣凝聚專注，去堅持一個理想幾十年，就會成為專家。其實對某一方面特別用心的話，不出十年就是專家。未定型可以讀書，不穩定可以立志，讀書使生命長久，立志使人格崇高，年少歲月的成長就是一生的長久與崇高，所以說這是一生決定性的關鍵。

孔子所說的「三十而立」，要「立於禮」，是知書達禮。不僅要立志還要依「禮」而行，尊重客觀的規範，投入社會的結構。不要像散兵遊勇般在社會上跑，要通過整個社會的制度，來展現自己的才學及志氣，像大專院校的學生社團，對很多社會問題給出關懷，或對亟待幫助的地區付出心力，代表的正是社會的良心，也是展現出美好社會的脈動。

情愛關中，中國人講求緣，情愛就是緣分，緣是際遇、緣會遇合的問題。如婚姻時常決定我們的一生，但有沒有緣不是我們能決定的。我過去講緣時，都以儒家說法詮釋：只要守住「分」，「緣」就會美好。但今天我要強調一點，緣分的「分」可以解做分量，情愛似乎是機遇問題，背後其實是分量的問題。緣分要看有分量的人，越有分量就越有機會。若好好讀書，有才學就有分量，有志氣就有分量，越有才學、越有志氣的人，越擁有競爭的分量。這是走入中年的準備工夫。

中年的競爭決定於年少的學習，所以必須爭取機會讓自己成長，擁有競爭的分量。所以年少的朋友有時不能了解：「人家為何不選擇我？為何選擇他？」然後都痛切的往感情方面去思考，為何對方會背叛？其實應該少傷感，多讀書，多立志，我的名言是：「人家不要我，我唯一能夠做的是讓他一生痛悔當初沒有選擇我。」這才是最美好的抗議。事實上，時過境遷，那個時段會過去，你既不想報復也不想讓對方傷心，反而能為對方祝福。所以最生氣時最好以我剛才的話來度過人生情愛關的關卡。然而要對方痛悔，就是你要越來越有分量，有分才有緣，機會的大門永遠是為有分量的人而開的。

中年是「方剛硬闖事業關」過關憑藉「四十而不惑，五十而知天命。」

中年時很少僥倖，不能靠想像力及年少的浪漫過日，必須腳踏實地，篤實過活。老子說：「柔弱者生之徒，剛強者死之徒。」弱是生之柔弱，像孩子是柔弱的，但每天都在成長；剛強，則往往是死的象徵，如僵硬、硬化，就像醫生要是說什麼地方硬化，我們就嚇壞了。所以方剛是停止成長，不大能轉彎，不大能軟化，而硬闖會產生強烈的抗爭。在這階段的人，大家原可以一起成長，而天下的名利權勢卻是你有我就沒有的，會有占有的衝動，原本愛社會、愛朋友的，到競爭時就不同了，有時會為了勝利，不擇手段的用心機、耍權謀。所以在此階段，孔子說：「四十而不惑，五十而知天命。」若要過這個關，就不能有占有的衝動，而該是創造的衝動，讓大家分享。台灣就是大家都創業才有今天的經濟奇蹟。兩千三百萬台灣人是一起好起來的，不是互相把對方打敗。抓住台灣的機會也增長台灣的分量，是由社會的中流砥柱，即中年人一起完成的。這是創業，來自創造性的衝動，而不是占有的衝動，不是打天下，把天下據為私有，而是創造事業，帶動整個社會的進步，這不只是事業，而該說是志業，因此要「四十而不惑」。孔子說「惑」是「愛之欲其生，惡之欲其死，既欲其生，又欲其死，是惑也。」指的就是自我的矛盾與困惑。中年人的世界有時是由愛恨恩怨交織而成的，在競爭下爭排名、搶光采。但是，本來愛他的為何會變成恨他？希望他好，為何又希望他垮？要是對孩子採取此種態度，會讓他對愛沒有信心，沒有安全感。安全感必須建立在感情的恆定性上。所以四十歲的壯年要解開迷惑，要讓愛永遠是愛，是人生很重要的品質。

「五十而知天命」，要創業、跟朋友相處一定要知天命，海峽兩岸的中國人能為下一代奮鬥，是中國人幾千年來共同的理想。因此面對激烈競爭，有很多人去學佛、修道、信基督、打禪七。人生到最後是比道行的，面對社會的競爭要不惑，要有責任感，要有理想性，是要為國家、為後代著想，而不要在競爭中迷失了自己，反成為社會的負擔。在權勢名利場上，很多中年人很有表現，但也為社會帶來了很大的困擾，這包括行政團隊與國會殿堂在內。我一直相信每個人都愛國家，但要記得，值得愛的要永遠去愛，千萬不要自己反對自己，愛恨恩怨糾纏。所以，若要不惑，就要知天命，因此孔子說「四十而不惑，五十而知天命」，這樣就不會在競爭的路上迷失，而且用最高的理想來創業，讓每個人分享，讓社會更好。所以我說整個社會應該要講善緣，緣就是分工合作、分層負責，要有團隊精神。所謂善緣就是大家一起成長，中年人應該要改變心態，不要把自己的成功建立在別人的挫敗上，而是應該讓大家一起走向成功，一起過關，這就是善緣。

少年時要有緣分的分量，到中年要懂得跟別人合作，這樣才會過關。假若不跟別人合作，那麼別人的成功，都會成為自己的壓力。大家是一支隊伍，把別人的強，看成是台灣人的強，那壓力就成為助力了。當我參加球賽時，不管自己的表現好不好，只要隊友演出精采，我自然欣喜若狂為他加油。這就是團隊精神。應該要為大局著想，讓別人的強轉變成自己的強。若有這種態度，就可以通過中年這個關了。

老年是「已衰難過健康關」
過關憑藉「六十而耳順，七十而從心所欲，不踰矩。」

當人年紀大了，難免健康衰退，所以孔子說了代表老年的出路的話：「六十而耳順，七十而從心所欲，不踰矩。」在激烈的社會競爭中，要能自我陶養讓愛永遠是愛，千萬別在競爭中產生意氣之爭，變成惡形惡狀，所以說「四十而不惑」，「五十而知天命」，是本著最高的理想來解消困惑，這是往上的路。而「六十而耳順」是往下看人生，在此時回首前塵，每個階段都走過來了。「耳順」就是看到什麼、聽到什麼都包容，可以包容少年，也可以包容中年，因為他們的艱苦、傷感、壓力、憂愁，你都知道。要能包容就需要悠閒，最好把所有的心得寫出來，寫回憶錄也行，把自己的經驗告訴年輕人，使之能避開錯誤，讓他們實現永久的美好。到了七十則是「從心所欲，不踰矩」，七十歲過的歲月是天地的歲月，天地悠悠好像無始無終，悠遊自得，是藝術美感的歲月。人從天地中來，終將回到天地中去，所以要看得開、放得下，所以此時稱之隨緣。少年講緣分，中年講善緣，老年卻是隨緣了，隨就是閒散、悠閒；緣就是山水田園、田園鄉土，雖不一定要山水美景，重要的是將心情放諸於美感追尋的歲月，而不是苦守衰老的歲月，則無入而不自得。

經由少年、中年到老年，才知道世界真正的美感，就該以此回味一生，因為真正的退休之後，才開始享有這世界的美好，才開始好好的品味、咀嚼一生。此時是回歸天地，不再是自我，不再是天下。而是回饋自己擁有人生老年的天地歲月，是「從心所欲，不踰矩」，因為走過成長、越過創業，拋開格局，也解消氣勢，完全沒有壓力，你就是你自己，雖仍在社會的軌道中，卻是跟天地同流的。

用天眼看世界

少年用「肉眼」看世界

所以「人生」主要歸諸於用什麼樣的眼光來看世界，所謂「過關」，跟個人的價值觀直接相干，怎麼看也就怎麼過。

所以我說：少年是用肉眼看世界，重視感情及感覺，是「跟著感覺走」，「只要我喜歡，有什麼不可以」，通過肉眼、通過青春浪漫來看世界，對人物、對世間都是用感情。這導致的危機是會「近視眼」，只看到今天，而忘了這時是決定中年及老年的決定性關鍵。

中年用「心眼」看世界

而中年開始用心眼看，因為他要創業、要規劃，要面對競爭，所以要用心眼。但用心眼看的危機，是可能產生「小心眼」及「死心眼」，把世界看小了，人生看死了，總括地說是「勢利眼」。這時段的人最需要感動，多看文學作品及動人的電影，雖難免感傷，總會流下感動的淚水，就讓淚水洗滌心中的塵垢，讓生命清新，讓自己再活一回。

老年用「天眼」看世界

最後，老年人則用天眼看，顯現天地的情懷，有著「萬物靜觀皆自得」的眼光，就是看所有的東西都是美的；照現世界的真相，回歸生命的真情，此之謂「真如」，是整個世界如其所如的真實，這是佛家的觀念，是世界怎麼樣就怎麼樣，人生是怎麼樣就怎麼樣，不多也不少，這就是真如。總之，人生就從少年的清純，到中年的豐富，到老年的深刻，只要過關，一切就是這麼美好。但願我們的人生，我們的老中少三代都是這樣走過來了。

2
立足人間與行走人間

人生而為人，就當在人間做人

惠施是莊子的朋友，也是先秦諸子名家的代表人物。他曾問莊子：「假定人沒有感情的話，還可以算是一個人嗎？」莊子回答說：「道與之貌，天與之形。」亦即天道既生給人形貌，那就是人了。問題是，人總要在人間做人，因為在人間之外，我們找不到另一個可以存活的世界。

就算人間是如何爭逐名利、奔競權勢，再怎麼塵垢污染，或許你不喜歡，也沒有別的機會。中國人當然就活在中國的土地上，台北人也就只好活在台北的街頭。即使街頭變成個大工寮，我們也不能逃避、不能厭棄，因為離開人間就沒有存活的餘地。莊子所以要講無情，就是不要讓傷感進駐我們的心頭。父母親生養我們，就是要我們好好活下去，不要因人間的是非，而萌生挫折厭倦的想法。

立足人間是自我的成長
行走人間是天下的競賽

今天早上，我和兒子一起從永和家中出門。兒子要到師大附中，我則要到台大搭校車往中央大學上課。由於下著傾盆大雨，我和兒子是充滿感激的擠進計程車。然而高三的兒子敏銳的發現計程錶上按的是夜間加成的鈕，馬上發表宣言：「時間還沒到，你按錯了！」滿頭白髮的司機只回頭一看就置之不理。兒子立刻又重覆說了一次：「時間還沒到，你按錯了！」當時的氣氛很僵。於是司機把「夜間加成」按回正常的地方，卻隨即開罵起來：「台北都是三等客人！不給小費，還斤斤計較。」車過永福橋，因為我說要先在汀州路下車，這時司機氣憤的說：「待會兒，你們在汀州路一起下來，我不載了！」在這樣的清晨，父子兩人從立足人間到行走人間，闖進一部計程車內，又被計程車司機趕了出來，由此就可看到了人間的複雜與艱難。

我不能反對兒子，因為從「立足人間」來看，「少年十五二十時」的孩子總是對錯分明：明明未到七點，才六點半，怎麼可以按上下班交通尖鋒時間的夜間加成？我看到老先生生氣了，便趕緊打圓場：「好好好，就按回夜間加成好了，下大雨嘛！車子很擠，是理所當然的。」兒子想連爸爸都這麼說，就沒有抗議了，但是老先生並沒有因此而消滅他的不滿，到了汀州路，父子兩人還是走回雨中，車資照給。那還能怎麼樣呢？我想再叫部車，可是兒子回答我：「不必了，我陪爸爸走到台大再換公車。」

我想，老先生也要立足人間，計程車就是他藉以立足的行業。他可能需要更多的收入，但沒有經過協調就逕自按上夜間加成，在行走人間時就會造成很大的困惑。我相信他因為吾家兒子的一番話，而下不了台，似乎傷損了尊嚴。十五歲的少年人會拚命，五十歲的人則要能知天命，要是我就會假裝沒看到。狼狽下車後，我跟兒子說：「他也許是個退伍的老兵，也許數十年來承受了太多艱苦坎坷，否則不會有這麼激烈的反應。」兒子不接受我的解釋：「那是你往最好的方面想。」

其實他不知道爸爸只是希望讓他的心裡好受一點，難道做父親的沒有是非觀念嗎？這是因為我們活在人間世，就必須給出包容及諒解，不然要怎麼活下去？就像天下父母最希望看到的莫過於小兒女站起來，當兒女能站立時，帶給父母親的是滿心的歡喜，這就叫立足人間；而當兒女搖搖擺擺學會走路時更是天大的喜悅，因為孩子能行走人間了。孩子小時候，我們讓他在家裡學習立足；等他上小學時，他必須自己去行走，面對很多的同學朋友。再進一步說，從小學、中學到大學，他都在學習如何立足人間；但他總有一天要離開學校，進入社會，在人間行走。所以，立一定要立得穩，走一定要走得通。我只希望人世間時時充滿相互的善意，能互道早安、彼此問好，不要一大早，一天才開始就進入決戰！所以，所謂立足人間，就是自我的成長；所謂行走人間，就是天下的競賽。

我們講少年的關是成長的關，中年的關是創業的關，老年的關是休閒的關，是回歸天地，不是自我，也不是天下，而是天地。人從天地中來，到老年就回到天地中去。但人生真要到老年才能到達山水畫田園詩的悠閒自在嗎？可否在自我成長的路上，天下創業的路上，我們能同時擁有天地的自然？那就是以休閒的心情走向成長，以休閒的意態開創事業，隨時回歸天地自然，則立足人間及行走人間就可以站得穩、也走得通。

人間兩大關——自我的「命」與天下的「義」

「天下有大戒二：其一命也，其一義也。」

從自我來說，人生有三大關，有血氣未定的成長關，血氣方剛的事業關，到血氣已衰的休閒關，這是孔子的洞見，一眼看出人生要過三關。但今天不從自我來說，而要從人間來說。

人間是有兩大關，則是來自莊子的慧解。他一眼看出人若要立足人間與行走人間，就會面對人生的兩個關卡。他說：「天下有大戒二：其一命也，其一義也。」大戒二就是兩大關。命，是父母給的，所以人間第一個關卡是：「子之愛親，命也，不可解於心！」人生下來的第一個身分就是做子女，所以人生的命就是愛我們的父母。天下人都愛自己的父母，這是天生的命，是與生俱來的，我們的命是父母給的，所以我們愛父母，就是我們的命了。這樣的愛匯聚在心頭、點滴在心頭，所以不可解於心，就是不能解開的愛。我們一定要過這個關，不管父母親給我們多大的壓力、多少的困擾，只能有一個態度：認了，因為我是他們生的，沒有他就沒有我們，沒有人可以剪斷父母跟兒女間的臍帶，這就叫不可解於心。雖然，人際關係的困擾時常是由父母而來的，可是我們不能解也不必解。所以人不需要算命，看看父母就知道命怎麼樣。我對算命的看法是：「你去算命了嗎？算了也就算了。」算了，也就可以放下來了，那是不可解的。

人的一生就是做父母的兒女，這也是人生最大的命。依儒家傳統的說法，父子是天倫，父母跟兒女之間的愛，是老天爺保證，一生都是一家人的，可見父母兒女間是不可分離的。孔子說：「事父母幾諫，見志不從，又敬不違。」奉養父母時，也許父母有些行為不是很恰當，子女可以婉轉的表達意見，卻不能大興問罪之師。應當以關懷的態度，聊天談心般的表達，否則就要傷了他的自尊心。然而千萬不可壓抑，你明知道他這樣做不對，卻不告訴他那也不對，因為你是他最親近的人呀！因此要以委婉的態度規勸。若是父母不接受，仍然要同樣的敬愛他而不違背他。這是儒道兩家共同的觀念，父母兒女之間的天倫，是不可分、不可解的。對儒家而言是不可分離，對道家而言是不可解開。所以此處應該投入很多心思，才會有好命。

可能就因為天倫保證了永遠是一家人，所以認為父母跟兒女之間是永遠不會動搖的關係，以致很多人都不把心思專注在父母兒女之間，反而把心思放在人間第二個關卡，也就是「其一義也」上。人生是父母給我們一個命，讓我們去承擔天下的道義。所以父母必須帶著子女學習立身處世之道。第二關卡是：「臣之事君，義也，無適而非君，無所逃於天地之間。」臣下總要奉事君上，尤其在莊子的時代，君臣代表的就是人間社會，在今天則是政治法律。義也，代表的是行走人間的權利義務，在人間做人必須擔負的責任。

「命」不可解，也不必解
「義」無所逃，也不必逃

「命」是講家、「義」是講國，命是父母給的，可是人還要跟天下人在一起。所以要在人間的政治法律結構中去展開。「無適」即無往，不管我們到哪個國度，都有政治法律，都有治安規範，當真是無所逃於天地之間。因此隱者說：「滔滔者，天下皆是也。」普天之下，處處關卡，怎樣去過關才是重點。人間不是天國，人物不是天使，這是生存下去最重要的理念。既然不可逃，那麼在社會上遇到的不公正，也僅能如莊子說的：「知其不可奈何而安之若命。」莊子的用意在：很多人在世間受到擠壓傷害，面對不合理的遭遇，就把後天的義當做是天生的命吧。比如某人無端被砍斷一隻腳，這時讓自己活下去最大的理由就是把它看成「我天生就少一隻腳」吧！這就是安之若命，把後天的不公正，當做先天的不平等吧！否則會無語問蒼天的說：「天怎可如此待我！」那就活不下去了。

不過義不是命，君臣、朋友是可以分離的，就像孟子所說：「君有過則諫，反覆之而不聽，則去。」君有錯，要說！因為這是應有的道義。像是輿論對政府有諫言，才是義。但一再的說都不聽，就要斷然的離開，因為人倫是道義之交，合則留，不合則去。但據莊子的理解，理論上是可以分離，問題是你能逃到哪裡去，到處都一樣啊！所以莊子認為人應該「安之若命」，既然「無所逃」，也就不必逃、不用逃了。

天倫沒有成長的空間

天倫是老天爺來保證永遠是一家人，永遠不會動搖，反而會發生永遠不長進的問題，因為它沒有開拓和成長的空間，儘管幾十年修行，仍只是個好兒子和好兄弟而已。然而在人間社會因為不穩定，所以才有成長的空間，奮鬥數十年，可能就是大企業家、大政治家。在家裡盡心盡力幾十年，永遠是大哥，而在人間社會爭逐奔競就可以成為大哥大。所以人們的心思，用在家人的身上少，用在朋友的身上多。因為朋友可以不理你，不要你，所以你反而要用心想抓住他。因此許多人將一生精力都放在打天下上，為的是它能夠成長，也擁有成就感。但是不要忘了，成就感的對面就是挫折感。開展出來的天空，有一天「天」就會變成「空」的。家看來雖無突破的餘地，但卻永遠開著大門歡迎遊子歸來。在你失意挫折之時，家人也會永遠擁抱你、陪伴你。

這就是人間的兩大關，一是「命的關」，是家的關，父母、兒女、兄弟、姊妹之間的關；一是「義的關」，是天下的關，君臣、朋友、同事之間的關。但我們要如何來過關呢？在《莊子》寓言透過孔子說，人生有些不自由是與生俱來的，他說：「天刑之，安可解。」是老天加在我們身上的桎梏，是無法解的，所以人天生是有一些命限，是要認的。曾有青年朋友問我，在成長的路上苦不苦？我說：苦啊！他又問：那麼你覺得現在的年輕人跟你們那一代有什麼不同？我的回答是：最大的不同是我們都認了，而你們不認。我們懂得做兒子就得聽父母的話，上學就得好好讀書，學習做人處世的道理。認命了，再也不苦了，反而能擔當得起。這就是「天刑之，安可解」最好的「解」，把天生的「刑」解開了。

孔子周遊列國終日為理想奔走，有人問他是否覺得累。孔子回答：「丘也，天之戮民也。」意即：我孔丘啊，天生是勞碌命。這就是在人間行走的人間責任。我們總要從家庭中成長，到社會上創業，一個是命，認了；一個是義，擔當就是了。人間兩大關卡，一是天倫，一是人倫；一是命，一是義，不可解又無所逃，那就不求解、不想逃，只能擔當，只能通過。如何擔當跟通過，要有力量，但卻不是靠知識、技術、體能、氣魄而來的，而是要靠修養工夫所體悟的人生智慧。我們就從道家的觀點來談修行過二關。

修行過二關

在自然中成長

「跂者不立，跨者不行。」

「飄風不終朝，驟雨不終日。」

老子說：「跂者不立，跨者不行。」即是立與行兩方面。「跂」是踮起腳跟而以腳尖著地，想讓自己站得更高一點，如此視野也會開闊一些，問題是用腳尖著地時就站不長久。現在社會不是都在講速食、狂飆嗎？總希望快速得到成果，但暴起就會暴落。「跨」則是邁開大步，在人間快步前行，但問題是人唯有以散心的步伐才能走得長遠。因此漫步才能走一生，賽跑則是短暫。在成長路上，千萬不要抄小路，走捷徑，一時之間好像站得高些，走得遠些，卻都是短暫的，不但立不長久，也走不長遠。所以老子用另一段話來說：「飄風不終朝，驟雨不終日。」狂風吹不了一個上午，暴雨也下不了一整天。雖然氣勢萬鈞，但來得快，去得也快。狂風暴雨是天地造作出來的，尚且都無法長久，何況是人呢？

所以人生的成長要走自然的路，避開暴起暴落、狂飆速成，記得要爭千秋，而不是爭一時。逼孩子讀書，一時可以考得好，但更希望的該是他能念一輩子的書，所以不要從當下講，而該從天長地久來思考；密集訓練只能維持短時間，卻無法持續一生。在人生的路上，總要想著如何實現一生的理想，如何在人間長久的走下去。想想所做的事情是否真能維持一輩子？真的一生無憾？這就是老子說不要人為造作的原因。人的學習是有階段性的，該在何時學什麼，也是命定的。風狂雨驟的天象，都不能長久，人生路上也不要去「跂」去「跨」，那是「不立」、「不行」的。

在放開中創業
「善閉無關楗而不可開」
「善結無繩約而不可解」

人間兩大關卡是來自自我的命和天下的義，所以人生也有兩個問題：第一是在立足人間時要保有自己的天地，護持自己；二是在人間行走，需要結交朋友。一個叫「閉」，一個叫「結」，閉是自我保護，結是結交朋友。但老子提倡「善閉」跟「善結」，就表示一般人的自我保護和結交朋友都少了一個「善」，都出了問題。

一般人的自我保護，都是用關楗鎖門，鐵窗重重深鎖，好像擁有自己的天地，保護了自家的兒女。但是把門往外關，拒人於千里之外，不僅是別人進不來，自己也同樣出不去。所以閉的結果竟是成了自閉症。因此我不說閉關，寧可說出關。像老子便是「出關而去，不知所終」。此關該就是人的兩大關——「其一命也，其一義也」，事實上他便是通過了這兩關，才留下《道德經》來讓我們出關。但別人真正的進不來嗎？只要有鎖，就可能被打開，有形狀就有跡可循，可能被破解，所以老子說真正會保護自己的人，是「善閉無關楗而不可開」。善是道家的智慧，有道家智慧的人就能無關楗，不是用有形的關楗來閉，而是無關楗，根本不閉。所以人保護自己不要用有形的鎖去封鎖。只要你不鎖，就沒有人能開鎖，就是不可開。

像我家就曾經遭到偷竊，鐵門被破壞敲開，損失並不慘重。因為我們家的抽屜全都是開的，小偷如入無人之境，但沒有保險櫃，也沒有珠寶箱，「無關楗而不可開」，所以他找不到目標。統統開，他就開不了，保險櫃或珠寶箱上，不管加了幾道的鎖，彷彿是指引別人：「寶貝就藏在這裡！」所以不要為了讓別人進不來，反而自己會出不去，這是會把自己卡住的。只要不設鎖，別人也破解不了，即使是別人進來了，又能怎樣？反正自己也沒有藏什麼。因此，真正會保護自己的人，就不要用有形的門鎖把自己關閉起來，如此才是真正的自我保護。

在人間行走，更需結交朋友，建立人脈、人緣、人氣。一般結交都是繩約，亦即用繩子把對方綁住，以為這樣就能永遠擁有對方。台北街頭就曾出現一個鏡頭，在西門町一個媽媽用條繩子綁住兒子的腰，於是這孩子無論朝哪個方向走，都只能走幾步就得回頭。但真的就沒問題了嗎？非也，要是有個惡作劇的人，拿把剪刀把繩子剪斷，兒子就會走失了。所以用有形的繩子綁住對方，就叫死結，會導致「心有千千結」的情結。好比很多朋友一起創業，到最後往往翻臉無情，就因為用繩子綁住，是為了想要永遠在一起，卻會讓對方覺得失去了自由，為獲得自由就只有解約而去。

不妨想想看，在人間行走，我們試圖拉住別人，但別人往往離我們而去。就是我們想用有形的繩子，去綁住別人，要人家蓋章、發誓，一天到晚海誓山盟，有什麼意義？一次又一次只為證明對方在乎他，這正好逼對方離開。很多父母，就是這樣將孩子逼開身邊的，孩子為了證明他的成長，只好離開。因此一進大學，就急著離家去租房子，獨立過活。

另外，在這個時代裡，常需要兩人相依為命，尤其像夫妻兩人，於是便互相把對方綁住。就像錢鍾書在《圍城》中所言：婚姻如圍城，外面的人想衝進去，裡面的人卻想打出來。然而用智慧去結交卻是不用有形的繩子約束對方，即「善結無繩約而不可解」，沒用繩子綁也就沒有人能切斷，這是靠無形的精神來維持。比如某一個團隊的成員，他之所以歸屬這個團隊，認同這個團隊，並不是用有形的獎金就可以維繫，而是靠著無形的團隊精神才能維持長久。就好像我們對中國、對台灣一樣，這是我們的鄉土，我整個生命在這個地方，是別人搶不走、切不斷，而我也不願離開的，這就是「不可解」。就因為如此，所以我們才能立於不敗之地。

所以，若想保護自己，擁有自己的天地時，千萬不要封閉自己；而當想結交天下朋友時，則千萬不要用有形的繩子把對方綑住。因為老子所說的「善閉」和「善結」，真正的「善」就在「無關楗」、「無繩約」的「無」。因為無關楗、無繩約，別人才不可開、不可解，這才是真正的善，也才表示真正做到保有自己及結交朋友，因為所保有的是不被破解的，所結交的是不被切斷的。「無」在此就意謂無弱點，「有」就可能被打開切斷，「無」卻不會有被打開切斷的可能。所以要用「無」的智慧來立足人間與行走人間。

愛永不變質，愛永不止息

「獨立而不改，周行而不殆。」

用老子的道，去立足人間和行走人間，老子說「道」，一是「獨立而不改」，二是「周行而不殆」，以此形容天道。一是「立」，二是「行」。從天道看人道，說的是人在人間立足一定要獨立，將對人群的依靠減到最低的程度，千萬不要依靠掌聲、喝采，也不要依靠他人的喜歡及讚美，否則我們將面臨「天涯茫茫，何處是歸程」的問題。所以我們立足人間最大的保證就是不攀援權勢、不投靠名利，這樣的立才叫獨立。

如在工商業社會裡，人較沒有安全感，因為變動太大。而景氣是全球性的，並非我們所能決定。所以在都會區，很多廠商就到世界各處去投資，如台灣商人在大陸或東南亞設廠，以便應付不景氣的變化。可是農業社會就不會有這種事情發生，只要日出而作，日入而息，就可以好好過活。鄉下只要有陽光、空氣和水就足夠了，而且因為沒有人能把陽光、空氣和水帶回家作私家產業，那是屬於大家的，整個鄉土因此可以過得很好。那麼為何一轉入工商社會，什麼都擁有了，卻反而活得這麼苦？就是因為人離開了鄉土，缺乏了獨立性，失落了安全感，就無法過得好。因此一個人立足人間要永遠不被打敗，就靠「無」。「無」就是不投靠名利跟權勢，甚至情愛、事業。因此我們要教給兒女跟學生的是：在什麼都沒有的時候，還能靠自己的智慧活下去，這樣才能在面對任何變局時，都永遠能活下去，這就是獨立成人。不過，要割捨對外面的依賴，必須有堅強自主的人格，這不是反社會，就像大陸歌手崔健的歌詞：「不是我不明白，這世界變化快。」人生要像細水長流、山谷空虛，就無物能害。因為沒有人可以把水的長流切斷，也沒有人可以打敗山谷的虛空。

「行」則是要周行，到處行走，不要逃避。一個獨立的人才可以周行，因為他不依靠世界，就越能走入世界；不依靠人際關係，才能真正投入人際關係。而因為不依靠，就不會受到壓迫傷害，反而可以安心走進去。因此先要學會割捨、放開，成功才有可能。如亞洲巨砲呂明賜，還沒有恢復他打擊的威力，恐怕就是承擔太大壓力的關係。越獨立則越周行，「獨立」就是不改初衷，不改本色，一生堅持，也就是認命。一生走自己的路，不要老是隨著潮流走，跟著時髦跑，到最後會發現自己一無是處，找不到立足點。

那麼，怎樣的人才能周行不殆？不殆就是永不停息。人間的愛永不變質，才會永不止息。不依靠愛叫獨立，一直去愛叫不改。不依靠愛反而能一直愛，而不會厭倦。若想要把它剪斷、逃離，就叫殆。然而一生不改，才能終身不殆，才能讓行走人間的腳步永不停息。

為什麼人間很多美好的事情總是無法長久？當初不是說好要愛一輩子的嗎？為何會變成短暫的呢？就是因為不能像天道一般獨立不改與周行不殆，所以無法天長地久。愛孩子卻生孩子的氣，愛先生、太太，卻又互生對方的氣，這樣的愛就變質了，會窒息，會危殆。因此依靠越少，越有心情去完成，這是往積極面說。

解開紛擾，消融光芒

「挫其銳，解其紛，和其光，同其塵。」

往消極面說則是，我們在人間立足、行走，也要如老子云：「挫其銳，解其紛，和其光，同其塵。」這句話可由後往前做義理的解析：人在人間立足、行走，就叫「同其塵」，因為人間如塵土，意即將人間視為到處都是塵垢污染的塵土，我們的機會也就在「同其塵」，隨時和塵土在一起。人人都希望淨土，但淨土需要通過人間的塵垢污染來獲得。生兒育女就要奶瓶尿布，養家活口就要柴米油鹽，這就是「同其塵」，不能等待美好從天上掉下來。因為人生的本質就是憂愁，必須擔負責任，而人間的兩大關就在「同其塵」，因為是不可解、無所逃，父母若要得到兒女的愛，就要承受兒女的塵土，因為兒女有時會不聽話；老師若要擁有可愛的學生，就要接納他的不大用功，不能等他考試成績很優越時，才承認他是我的學生，否則老師就沒有學生了。因此人間的愛，同時與塵土同在。

所謂「和其光」，就是要消融自己的光芒，如此人家才願意和你在一起。假定老師父母都視自己為唯一主角，孩子、學生必然不願意跟你在一起。偶爾為之還可以，卻不可長久如此。不要讓自己永遠是主角，光芒四射，而別人永遠只是跟班、配角。要人家受得了你，才願意和你在一起。所以要給人空間，儘量涵藏光芒，莫讓鋒芒畢露，否則下回人家就會拒絕你。

「解其紛」是解開自己的紛擾，避開人情的糾纏，人間的壓力，讓自己受得了。心中要化掉種種紛擾，因為塵土從紛擾來，所以要化解，不要讓重大挫折感產生。「和其光」是讓別人受得了，「解其紛」是讓自己受得了。所以人間行走是要我自己受得了，而對方也受得了，才能共同在塵土體現淨土。

自己沒有紛擾，又能把光芒化掉，此時就是要回到「挫其銳」的根本，挫損自己的鋒銳，因為光芒就從鋒銳而來，越大的鋒銳就有越大的紛擾。因此人越有才能，壓力反而越大，就像今天我們感傷三毛，她最大的難題就因為她沒有忘記她是三毛。因此要放下自己，才會沒有壓力與紛擾，才可以消融光芒，和所有的人在一起。也就是說立足人間就要挫其銳、解其紛；行走人間，就要和其光、同其塵。從積極面來說，就是「獨立而不改，周行而不殆」；往消極面來說，就是「挫其銳，解其紛，和其光，同其塵」，如此就能以老子的道，來立足人間跟行走人間。

魚相忘於江湖，人相忘於道術

人既生而為人，就當在人間做人。第一關在自我，父母生給我們的「命」；第二關在天下，而當我們有一天離開父母，獨立去走人生旅程時，就須面對天下的道義。愛父母的命是不可解的，承擔天下的道義是無所逃的。走過人間關卡，就要透過老子的道：一者「跂者不立，跨者不行」，自然而不造作，就可以久立遠行；二者「善閉無關楗而不可開，善結無繩約而不可解」，不封閉自己，也不束縛別人，自己就不會被破解，友情也不會被切斷；三者「獨立而不改，周行而不殆」，我自己立，就可以到處走，我永不變質，就永不止息；四者「挫其銳，解其紛，和其光，同其塵」，沒有鋒銳就沒有紛擾；沒有光芒，就可以混同自己於塵土。不僅人可以相忘於道術，魚也可以相忘於江湖。

魚在江水中活得自由自在，並不刻意去支持對方，而把對方忘記，但卻能活得很好。然而魚若是想突破現狀，想翻到岸上以打開新局，結果就成了魚乾，只能「相呴以濕，相濡以沫」。魚相忘於江湖，叫「穿池而養給」，就是說在水池中穿梭來去，養分自然足夠。人在人間若能相忘於道術，也就「無事而生定」。將自己寄託在儒家、道家之下，在中國的鄉土田園中，就可以「無事而生定」，即沒有是非而生命自定，讓生命安頓下來。因此要安身立命，並不需要每天在人間奔走，在人海漂泊，應該要從「坐馳」轉為「坐忘」，不紛擾不奔馳，當下忘了一切，就算人間有兩大關，也能穿池而養給，無事而生定，在自然中成長，而以休閒的心情與閒散的腳步來創業。什麼都有，也什麼都不欠缺了。

3 飛越生死大關

走在生死長廊間

人生總要面對一個終極的遺憾，人有生必有死，這不是人生的關也不是人間的關，這個關是大關。這個關不是少年、中年、老年之成長、創業或休閒的關，而是一個天大地大的關，是不能用行走來通過，而是要靠人格的修行，心靈的願力和生命的功德來飛越的大關。

生是不可解，而死是無所逃

有一回我母親住在馬偕醫院六樓的加護病房，而長廊的另一端是婦產科，當晚，我在病房外臨時架床休息，以便護士隨時呼叫我。大概半夜二、三點，我被身邊公共電話的聲音吵醒了，其中有一位先生很雀躍的向他父母報喜，說妻子生了一位男孩，話中充滿了驚喜之情；而緊臨在旁，卻同時傳來一位女士悲切的痛喊說：「你們快點來吧，爸爸撐不過去了！」緊臨的兩具電話，卻傳送出截然不同的訊息，一個是生，一個是死；而人生就好像從婦產科的那一端出生，走到加護病房的這一端，等待最後時刻的來臨。剎那間，我受到很大的衝擊，好像人生本就如此。因此我用莊子的用語來詮釋：「生」是「不可解」，而「死」是「無所逃的」。

生之前，從哪裡來？死之後，往何處去？

我們的生命是父母給的，在我們還來不及同意之前，父母便將我們生下了，所以生是不可解的，沒有人可以對自己的誕生做任何決定，而我們的父母卻替我們做了決定；當我們懂事時已然來到人間，接受人世間的考驗。死亡不是自己可以做主扭轉的，好像這是人生必然的終局，就像是賽跑有終點線，旅行有目的地一樣，都在那裡等我們。所以在人間世界人們總是忙著如何活下去，忙著讓自己、朋友、家人活得更好，但這終究有一不可說的遺憾，不管一切多麼的美好，我們終得離開人間。所以我們會問：生之前我在哪裡？好像人生是突如其來；我們也會問一個更重大的問題：死之後我到哪裡去？它不可能突然消失，假如沒有答案，人活在世間是不安心的。

我自己也有過面對死亡壓力的經驗。那時是初一升初二的暑假，我得了肝病，剛開始是父親帶我去看醫生，後來變成揹我去給醫生看，到最後是醫生到我家來看我。一個多月都發高燒而不省人事，只能偶爾睜開眼睛，問媽媽現在是白天還是晚上。那時候家庭經濟情況不好，所以沒能力住院，一直都躺在家裡，可以說每天都在死亡邊緣打轉。有一天我睜開眼睛，看見父母坐在床沿，相對掉淚，我突然對父母說：「你們不要傷心，我不會死的！」那時，醫生已搖頭，能從死亡的陰影走出來，是靠著年少的生命力走過來的。

死亡的陰影看起來是如此之近，而對我來說卻不感到恐懼，好像沒有得到太多壓迫，可能是因為當時體能太弱，不讓我有時間去想死亡的問題。但我知道自己離死亡是很近的，內心也頗傷感，因為怕父母親傷心。所以我覺得死亡對即將死去的人來說並不是頂重要的，反而對那些活著的人才重要，所以飛越生死大關不光是那些面臨死亡邊緣的人，而是活在人世間的每一個人。中國人常把死當作一種忌諱，假裝沒有這回事，而在父母七、八十歲，八、九十歲突然離去時，就顯得措手不及，傷痛得無法承受。所以比較理性的作法是從懂事時就教導：每天面對死亡，告訴自己有一天會離開人世間，甚至跟父母親之間也可以談生死大事，假設父母不會太傷感忌諱的話。就因為面對死亡，你活著的每一分每一秒，反而會覺得非常可貴而彌足珍惜。因為人生歲月過了就過了，永遠不會再回來，因此我說生死是個大關。

生死何以是大關：死亡一如黑洞

生死兩茫茫

人間世界有很多關，有利害、得失、成敗、禍福、榮辱、高下、強弱，這些關只是程度上的分別，而且還有敗部復活的機會。今天我也許失意一點，明天我可能得意些；今天落敗了，但是明天我可以獲勝。今年痛失金牌，但支持我活下去的，是明年我可以把錦標贏回來。但死與生不是程度的，它是全部的，生是全部的有，死是全部的沒有，永難平反。所以它是所有關卡之最大，是為大關。莊子說：「死生亦大矣！」所以死亡像是個黑洞、無底洞，被吸進後不知飄向何處，有無盡的恐慌，真是生死兩茫茫，死的那邊茫茫，我們無所知，生的這邊也茫茫，因為看不透啊。

醫院、醫生不能解決生死問題

哲學、宗教希望我們找到生死兩安心的道路，所以我們要面對它，不要假裝沒這回事，以為它永遠不會來，而在面對生死大關時才心痛、傷感。而這樣的問題是連醫院、醫生都解決不了的。我們本以為生死問題可以交給醫生，因為醫生在接生時，是迎接新生命的來臨，而在加護病房搶救生命而不免失敗的也是醫生。再說，醫生本身也在面對生死，他們的平均壽命甚至比一般人短幾年，因為付出的心血及承擔的風險比別人多。我們到醫院去常感受到不人道的待遇，即使是一位垂危的病人，對醫生而言，只不過是多了一個病人進來而已。所以家屬進了醫院，會對醫生的態度不大滿意，但就醫生本身而言，他長久以來都在面對死亡，會被生死兩種極端的感情，壓得透不過氣來，因為生不能狂歡，死也不能痛悔，否則他會被歡喜跟悲痛的兩極端打垮，因為感情是我們生命中最大的壓力。所以醫生會在生死間宣布中立，只以理性、科技出發，不談感情，如此他才不會承受那麼多來自於生死所帶來對生命的重壓。有此了解，我們對醫生的冷漠多少是要有些許的諒解，也更可以覺悟到：醫院、醫生是承擔不了生死大關的最後一程。

我有兩度送母親進加護病房的經驗，每一個住院的病人，他們都不要護士，只要親人。加護病房每天兩度開放家屬探病，一次二十分鐘，病人會以不說話來表示抗議：為什麼你們不陪我？卻不知道他們要在外面奔波，籌措醫療費用，那是雙重的身心疲累。但病人不諒解，因為他躺在醫院時，最需要的是親人的陪伴與支持。

人生的最後時刻，不應該是在醫院的儀器、醫生的急救下，孤獨而終，應該像中國老傳統，回到自己的家裡，在家人圍繞下走過人生的最後一程。這最後的送別時刻，應被珍惜、被擁有，讓生死兩邊的人都無憾。

中國社會已漸漸走向西方式的現代化社會，但東西兩方的生命價值觀是不同的，我們不大能將生死的問題交給醫院或教堂，而應該尊重我們的民情，因為中國人最後的歸處是家，家是我們的教堂，我們在那兒出生、在那兒成長，在那兒拜祖宗，也在那兒度過人生的最後一程。

了解生死，飛越生死

如何飛越生死大關？這是要靠精神的力量、願力、功德、修持，來飛越此大關的。因此我將傳統兩大家儒家、道家的幾千年的智慧，傳達給現代的人。在西方有所謂的死亡教育，讓大家學習如何面對此問題，死亡教育是不能透過科技處理，不能交給醫療體系、科技儀器的，而是要交付每個人的世界觀、人生觀或宗教信仰來解決。所以我透過傳統兩大家的理念，來開發飛越生死大關的智慧。

人是會死的。記得我女兒三、四歲時，早上七、八點，就會有許多小朋友端張椅子，像辦幼稚園般在我家門前排排坐。因為我家有很多書，他們是來看書的。那時我女兒也會端張椅子加入，抱一堆書分給小朋友一人一本，大家也會安靜的在那裡看上半天，我則在裡面看報紙陪她。不一會兒，她突然推開門進來，問我：「爸爸，你將來會不會死？」我說：「會啊！」她突然哭說：「我不要爸爸死。」面對這樣一個問題，我總不能跟她說爸爸不會死，而那時她才三、四歲，人生剛起步，死亡的陰影卻已經闖進她的心中。不管是誰，也只能給出這樣一個無情的回答：「人是會死的。」所以我們都在找一條不死的道路。

中國道教的修行就是要長生不老，而不死之道就是煉丹打坐，對抗死亡或避開死亡，讓生命延續下去。但我們知道有史以來從沒有人成功過，因為從來沒有哪一個道士長生不老。所以我們要用「飛越」來說，透過精神、心智、人格、信仰、修行來飛越無所逃，卻可以解的生死大關。

儒家不死之道在「生生」

「未知生，焉知死？」

孔子有一個學生叫子路，有一回，子路問孔子怎樣奉事鬼神，孔子回答：

「未能事人，焉能事鬼？」連人都不能好好對待，又何必問如何對待鬼神呢？因為人生最重要的就是對自己的親人、朋友好，這點都做不到，何必問得如此遠呢？這是儒家的人文精神，你不要以為孔子在逃避問題，相反的是在指點問題，他覺得你問錯了，你應關心的是人的問題，而不是鬼神的問題。子路接著問：「敢問死？」因為人會死，而死後成為鬼神，所以這一問題是不能逃避的。要如何面對死亡？孔子回答：「未知生，焉知死？」生的事都未做好，沒有讓生命的能源充分開發，如對情愛事業，對幸福美好都尚未追尋實現，又如何擔心死亡之事呢？這是儒家式的思考。

我常想我們之所以害怕死亡，那是因為想做之事都沒做完，所以中國人喜歡說「死不瞑目」，因為許多關心尚在人間，想做的事還沒做完，留下未了的心願，造成永恆的遺憾，因此親人友好，要幫他完成未了的心願，這是對他最好的送別禮物。所以「死」的問題本在「生」的問題。面對死亡會有些忌諱、恐懼，就是因為很多事尚未做完善了。所以孔子才回答：「未知生，焉知死？」只要好好的活下去，死亡就不會成問題，因為該做的都做了、該盡的都盡了、該了的都了了、該愛的都愛了，你都做完了就沒問題了，人生不就是為了實現這些價值嗎？

透過這樣的人文思考來說：原來「不死」之道在「生生」，不要往死去思考，因為這樣思考的路是錯的，假如我們好好的活，死就不存在，也就不成為問題了。因為好好的活過、愛過、亮麗過、光采過。所以對人生最達觀的還是老年人，因為人生的三關、人間的兩關都走過來了，都擁有了，還怕什麼呢？

我在文化大學教書時，上下山都搭學校的交通車。當時文化大學有許多老牌的教授，他們見面打招呼的方式相當特別，且很有意思，有一回，一位七、八十歲的老教授，在前頭對著後面另一位老教授喊話：「喂！你怎麼還沒死啊！」你看人間哪有如此打招呼的方式，只有中國人才做得到。這一位老教授也幽默的回答：「不忙啊！等你呀！」說罷雙方大笑，接著整車的人也大笑，這時，車廂裡哪有死亡存在的餘地，在生命的豪情中，死亡的陰影消逝得無影無蹤。

所以中國人是很達觀的，生前喜歡替自己買壽衣、棺木、看好墓地，因為人間的家只住幾十年，而那個死後的家要住千百年。像這樣的話，死亡並不那樣的可怕，所以儒家給我們一個如何面對死亡的答案：就是好好活下去，就是在活著時不要有未了的心願及遺憾，一定要完成。這是很積極陽剛的儒家哲學。

面對死亡，就要好好的活下去，因為沒有第二條道路。假設你人生的願望都實現了，那就沒有所謂的死亡了，因為死亡是願望沒有完成或中斷了，而今你完成了心願，就沒有所謂的死亡了。透過子路「敢問死」的話題，我們得到了儒家對死亡的看法，那就是孔子說的：「未知生，焉知死。」

「死而後已，不亦遠乎！」

曾子是孔子門下的傳道之儒，而子夏則是傳經之儒。

曾子說：「士不可不弘毅，任重而道遠。」讀書人要有寬闊的胸襟，堅定的毅力，因為責任重大，且要走的路很長遠。責任很重大是因為要愛天下人，人天生就有愛心，去愛天下人，責任當然重大；且要走一生的路途，所以才說：「死而後已，不亦遠乎。」我想所有做父母的人對兒女的愛，都堅持一生，但到最後總要放手，所以老年人都要學習如何放下和割捨，人生的旅程要逐步學習割捨所有的美好，千萬不要捨不得。因為所有年少天真、青春、亮麗、事業（功名）都會過去，既然曾經擁有過了、都走過了，那不是更可以放下嗎？所以中國人說：兒孫自有兒孫福，我們最大的難題就是總覺對兒孫做得不夠、愛得不夠，這種心頭重擔成為我們走不開的最大難題，但古往今來到最後不都是「死而後已」嗎？只要盡心盡力了，都完成了，就可以放下來了。這就是「死而後已，不亦遠乎」的道理。畢竟我們已給出了愛，而在這漫長的人生旅途中，該給的也都給了，該愛的也都愛了，該做的也都做了，剩下的就是生命價值的開發，只要讓陽光一直在，夜晚就不會來，讓人生活著的歲月都是日正當中、陽光普照，死亡也就很遙遠、不存在了。

所以儒家不死之道在如何生，而生之道就在開發生的動力、給出生的方向，也就沒有遺憾，就可以走開了、放下了、無憾了。然而我們畢竟都希望自己的生命能長久活下去，可是不死之道在哪裡？假設我們奮鬥一生，擁有了一切美好的價值，而突然死了，一切都沒有了，這誰能受得了？所以宗教家、哲學家已經給出一條長生的路，但不是道家的丹道符籙，這樣的修持是讓肉體青春永駐、長生不老；中國傳統講的三不朽是立德、立功、立言，立言就是對人生有詮釋開發，而立功是為天下做大事，因為你所做的事讓天下每個人活得更好，立德就讓人格成為典範，讓很多人跟著你的軌道，走在人生的道上。

人生有兩方面，一為天生的性向才情，二為在人間的遭遇，比如生在某個鄉土，在某個家庭長成，甚至進了某一所學校都會影響你這一生，但因為天生的條件及後天際遇的不同，所以並不見得每個人都可以在歷史長流中永垂不朽。而立德、立功、立言，那當然是一條聖賢、豪傑、學者的道路，但不死之道理應對每個人開放的。

「不孝有三，無後為大。」

我們常會問：「生之前我從哪裡來？」中國人的答案是：「我從祖宗來。」這是中國人最重視家族傳統的證明。而在我的想法中，清明節的重大遠超過春節，因為春節的團圓是一家人都回來圍爐，但清明節是一家活著的人包括死去的祖宗都一起聚會，所以我最喜歡清明節。你不要以為墓地是陰森的，但那是最有人情味，最有愛心的地方。

生之前我從祖宗來，而死之後我到哪裡去呢？到兒孫去。所謂不肖子孫就是與祖宗不一樣，幾千年來我們總希望走傳統的路，所以現代化比較艱難，好像中國人很沒勁，現代化走得那麼艱苦，但我們知道這是中國人的生命觀，一定要講「承先啟後」，「繼往開來」，因為生之前不是突然來，而是從祖先來；死之後也不是不知所終，而是到兒孫去。生命是一條長流，從來未曾斷過，這是中國人的再生之道，雖然有一天我會死，但我所生的一對年輕兒女，卻讓我的人生重來一次。打從他們誕生開始，我就不讓成長的遺憾再出現，因為我重新過一次人生的旅程，我的兒女代表我再活一回。這就是再生，就是長生不老，而家族一代傳一代的綿延，就像是大隊接力一樣。

《韓非子》裡有一段話：在賽馬、駕車時要跑千里之遠，得找個駕車能手，而當時有個駕車能手叫王良，一人能直奔千里之遠，如能找他駕車那是最好不過的。但韓非卻獨排眾議說：世上能有幾個王良，只不過偶然出現一個，而你能靠他來奔赴千里遠途嗎？我不要，我只要每十里設一個驛站，像大隊接力般，一樣可跑千里，而這樣的人選隨時都可以找到。我想人生旅程也一樣，父親未了的心願兒子在繼承、孫子在發展，生命是個長流，不是斷代史，是中國通史，通貫幾千年，因而產生了一條再生與永生的路。

孟子說：「不孝有三，無後為大。」你讓生命停下來，沒有接下去，它本是個長流，怎可到你就傳不下去呢？因為沒有培養接棒人才。我們是透過這樣的一個理念來講不死之道，所以儒家說「生生之德」，一代生一代，叫生生，「生生之謂易」，中國人說易經，八八六十四卦，週而復始，永不停止，從乾卦第一卦到未濟的最後一卦，只有創始，而沒有終結。而宇宙行程是生生，家族綿延也是生生。所以有人說中國人不會享福，為兒女想太多，但這不是不為自己想，因為當我為兒女想，就是為自己想，為自己想，就是為祖宗想。

「夭壽不貳，修身以俟之，所以立命也。」

因此我自己如何開發，如何讓家族傳統代代相傳，就如孟子所言：「夭壽不貳，修身以俟之，所以立命也。」夭是壽命短，壽是壽命長，不貳是不動搖。不論你告訴我生命長短我都不動搖、不改變，叫夭壽不貳。而人生就是要修養自己來面對死亡的可能到來。本來命是天生的，是命來決定我，所以我們都有無奈感，像命是前生注定般，此生就是讓命拖著走，所以無法反抗命，任由命決定我們走一生的路途。但孟子如此一轉：不要讓命來決定你，而是你來決定命，給自己一個嶄新、豐富，一個有意義有價值的生命，所以叫立命。不是它來運我，而是我來立它，這就是要靠修身了。

每個人有一天都會死，但不要讓死來壓迫我，反而要讓人活得很好，死得有意義，此生就無憾，是我來立它，所以說：「為天地立心，為生民立命。」要為天地找到愛心，不要讓天地只是個自然世界，只是物理化學生物的世界，如果只是活在這樣的天地，就很荒涼，且寂天寞地。因此「為天地立心」就是為天地找到愛跟慈悲，讓宇宙世間是個愛的宇宙、有情的世間，這才叫為天地立心。讓人得到很大的支持與溫暖，讓活著的人覺得活下去不是很苦，而是在享有人間親情、道義的美好，所以「為天地立心，為生民立命」，是給出一顆心。天地本是個自然世界，萬古洪荒，老祖宗披荊斬棘，一步步走過來了，在那沒有光明與愛的世界裡，開發出天地的愛，為每個人立一個可以活得很好的命。但這樣的扭轉，還是要面對死亡。一代傳一代，是「生」命，修養超越，是「立」命。

假定人間沒有死亡，則五萬年後我再考大專聯考，十萬年後我再戀愛，二十萬年後我才結婚，三十萬年後才生子，人生無限拉長，很多事情就變得不重要了，反正大家長生不老。人面對有生必有死的人生處境，我只有一百年，而這當中最大的挑戰就是如何讓一百年變得有聲有色、多采多姿，而且我是自己生命的主宰，我要給人生什麼價值，這叫立命。

「命矣夫，斯人也而有斯疾也。」

「死生有命，富貴在天。」

孔子說：「命矣夫，斯人也而有斯疾也。」孔子有一位很好的弟子叫冉伯牛，患了絕症，孔子去看他說：是命吧！這樣的好人竟得如此絕症。真是無語問蒼天，還是將遺憾還歸天地吧！這缺憾是天地的，不是人為的錯誤。他是好人、好學生，他有父母親的愛，和人間未了的心願，卻得了絕症，這是天地的缺憾。但孔子又說：「死生有命，富貴在天。」人到最後講死生，死生是有命的，福報不能強求。強求富貴反而在人生路上產生災難，人活不好就是因為強求人間社會的名利權勢，所以儒家正視這兩個問題，一個是死生的命，一個是窮達的命，所謂窮達的命，是指是否有身分、地位、權勢、財富、名望等，這些都是富貴在天，人力強求不來的。

所以儒家不死之道就在生生。儒家不從「死」想問題，而從如何「生」來想問題。再生，長生，我自己生，我兒女生，代代相傳就叫永生。死亡雖是最大的命，但由我自己來做決定。前陣子有健康幼稚園小朋友在旅行時罹難，那位林靖娟老師捨去她的生命，在她可以逃生時卻不逃，反而抱著小朋友一個一個送出車外，最後以自己擋住火，保護逃不及的稚真幼兒。真是千古艱難為一死，悲劇的裡面讓我們看見人性的光輝，這也叫「立命」，本來死亡決定我，讓我消失，但這位老師卻讓她的死亡千古不朽，讓自己永在。

道家不死之道在「不生」

道家的思考，人是會死的，而不死之道在哪裡呢？在「不生」，這是中國老莊與禪宗的大智慧。整個人間的思考都是在面對死亡時，我如何可能長久活下去，而它卻不往「生」去思考，如何不死呢？就在「不生」。我根本沒有生，心裡把生放開，如此死亡就不存在啊！我不執著生，把對人間的依靠完全割捨，越不依靠就越少弱點，所以有時孑然一身的感覺也很好，所謂：「前不見古人，後不見來者。」正是如此，讓你直接獨立面對亙古以來生命的問題。「仰天地之悠悠，獨愴然而涕下。」千古以來，有時你活在一個寂天寞地裡，四無掛搭，仰望藍天白雲，不禁悲從中來，不過有人會在無可攀緣又無退路時悟道。淚下滄然，不為感傷，而是感動。

「出生入死。
生之徒，十有三，死之徒，十有三；
人之生，動之死地，亦十有三。
夫何故？以其生生之厚。」

老子說：「出生入死。」人從「生」那裡來，往「死」那裡去，老子只用四個字就把人生旅程說出來。出生入死，人生是有生有死，所以說：「生之徒，十有三，死之徒，十有三；人之生，動之死地，亦十有三。」人生有人生有人死，每天不都是這樣，這點在醫院就可看出，有人走向生，有人推向死，生死純然是自然現象。但老子要說的「人之生，動之死地，亦十有三」，才是人生智慧的所在。人生的悲劇就是太想讓自己活下去，結果反而掉落在死亡的陰影中，這才是悲劇。本來生、死是自然的，但人會執著生，太想活下去，所以用了太多的心，反而讓自己活不下去。

舉個簡單例子來說：醫生不是勸很多人不要吃太多維他命嗎？因為我們天生都有消化成長的能力，硬是加上藥物，加上人為的化學物，反而讓原來自然的生理官能衰退，這不是為了求生，反而是掉入死亡嗎？這類人「亦十有三」。把孩子保護得太過，等同縱容，讓他在溫室成長，將來無法適應社會的動變跟人間的考驗，這叫做「人之生，動之死地」。你是要保護他，反而讓他沒有生存能力，老子主要就是反省這個問題。所以他又說：「夫何故，以其生生之厚。」生生之厚就是求生太厚，保護太過，什麼都想要，希望自己活下去，有更多的條件與資藉，忙著打天下，把天下的名利、權勢都帶回家，為的是要讓自身這一家活得更有保障，但結果反而讓一家人活得更不好；因為做父親的、丈夫的沒有時間跟子女、太太相處，沒有共同成長的空間。人變成賺錢的機器，親情、道義兩不顧，哪裡有人生呢？這叫「生生之厚」。

「蓋聞善攝生者，
陸行不遇兕虎，入軍不被甲兵；
兕無所投其角，虎無所措其爪，
兵無所容其刃。夫何故？
以其無死地。」

老子說：「蓋聞善攝生者，陸行不遇兕虎，入軍不被甲兵。」養生之道，就是在陸上行走不要碰上猛獸，而要避開凶險；入軍不被甲兵，在兩軍交戰間不要被甲兵砍到。在路上行走時避開吃人的猛獸，在兩軍交接時避開利器的砍殺，就可以不死，不遇是避開一級戰區。請不要說：「人在江湖，身不由己。」因為你可以不入江湖，就不會「身不由己」了，問題就是你人在江湖，人在江湖就是有兕虎有甲兵。感情與愛是很有殺傷力的，有時我們不想活，就是被感情與愛砍傷了，所以千萬不要讓感情有決戰點，不要讓愛的世界變成戰場。我們可以不遇兕虎，不被甲兵，卻常常迫使親人、朋友，成為兕虎、甲兵，人間有如原始叢林，只好逃開；一回到家，家也是戰場，甚至連「心」也是戰場。實則我們最大的戰場在心裡，假設人生沒有看開，「心」就是戰場、監牢，我們常常蓋個監牢將自身關在裡頭。所以老子說：避開凶險之地，不要與人決戰。但最重要的是：「兕無所投其角，虎無所措其爪，兵無所容其刃。」我們希望可以避開，但並不表示永遠不會碰上，除非你不在人間，否則面對考驗就得過關，不然就被卡住。

人生是無法走開的，因為逃避等同取消人生，人生只有過關，而不被卡住，這時我應該往何處去呢？其實並不在「不遇」上，有時不得已碰上了，知其無可奈何，就把它當作「命」，安之若命，這是莊子的看法，把人生的不幸遭遇當作父母生成的。是天生的就認了，父母給我們的都認了。將人間世界一切的不合理，當作身體天生的殘缺好了。

我有個學生，嚴重殘障，脖子以下只有兩根手指可以轉動，她必須靠電動輪椅，才能在人間行走。她正在日本九州大學念心理學博士，為了通過殘障的關卡，她只得把殘障當做身體的一部分，也就認了。所以她最喜歡莊子，因為莊子說了從「支離其形」而「支離其德」的道理，「支離其德」是解消放下自身的德行，不會壓迫別人。有的人沒有愛心是殘障，厭棄人間更是一種殘障，而抗拒別人的愛又何嘗不是殘障。所以不是不要碰上，而是碰上又該如何承受與化解？不要被卡住而要過關，要靠自身的體悟。

所以老子說，要讓「兕無所投其角」，兕是獨角獸，最厲害之處是角，兕出現在你面前，角又對著你衝過來，但牠不曉得要衝向哪裡。「無所」，就是沒有地方，牠找不到可以衝刺的地方。當兕角衝過來了，但牠找不到可以投角的地方，叫「兕無所投其角」。「虎無所措其爪」，虎最厲害的是爪，爪會抓傷、撕裂人，但虎爪也找不到可以抓取的地方；「兵無所容其刃」，對方兵器砍過來了，但找不到可以砍殺的地方。重點在「無所」，就是沒有弱點，找不到可以攻擊的地方。而人生的最大智慧，就是我心裡無死亡，所以死亡砍不到我，我變成「無所」，死亡沒有立身之地，那就沒有什麼可以傷害我了。

沒有人可以把山谷、水流打敗，因為山谷是空的，任何武器砍不到它，而水永遠砍不斷，因為砍斷又接合了。生命的大河沒人可以切斷，中國人的家族傳統是全世界最動人的生命傳承，儒家的智慧於此。文化傳統是一條長流，綿延幾千年，源遠流長。我們的人生不是只有百年，而可以是幾千年的，因為中國人的思考都是天長地久的思考，是從幾千年看問題。所以我們沒有弱點。老子又說：「夫何故？以其無死地。」因為我們的心裡從不為死亡留下餘地，在我的字典裡沒「死亡」二字，那死亡怎能攻擊、砍傷、毀掉我呢？因為我心裡根本沒有這些，我有免疫力。舉例說：你對天真的嬰兒說些罵人的話，什麼你很爛、很差，我看到你就受不了，但他還是一副天真的笑容，反而是你自己最受不了。你到底在罵誰呢？因為他仍用天地的笑容來對你，雖然你用人間最惡毒的話來對他，但他心裡沒有惡毒，所以不受惡毒的傷害。嬰兒是代表天地笑給人間看的，我們從嬰兒的笑容中覺得人間有希望。這叫「無死地」，因為他從沒有為死亡留下餘地。

在人生的旅途上總是會碰上關卡，它在那裡等著我們。有人真的一刀砍了下來，那怎麼辦？假使我沒弱點，不被砍傷，這叫「自動防衛系統」。今天我活在人世間要有「自動防衛系統」，讓我們的心變成一面鏡子，人間的塵垢污染進不了這面鏡子，讓鏡子永遠清新照人；假使鏡子有一天變得感傷了，它就沒有力氣把每個人都照得好看、動人。所以我們的心要變成「無所」，沒有弱點，不執著「生」，如此就不會被「死」傷害。因為人總是攻擊我們的最愛，而最愛就成為我們的最弱。所以恐嚇勒索一定攻擊我們的最愛，天下人都最愛兒女，所以天下父母心就成了被詐騙攻擊的弱點。

然而從道家觀點來看：要拋開我們的最愛，因最愛就是我們的最弱，別人一碰，你就受不了。「無死地」就是要放開我們的最愛。在莊子的人生觀點：人生似乎是一段旅程，死亡有如環遊世界歸來，歸來就好像是回家的感覺。因為從來沒有死去的人回來告訴我們，死去的那地方很可怕。所以你怎麼知道一個人一直想活下去，不是一種迷惑呢？人逃避死亡，會不會像個走失在外，找不到路回家的孩子呢？人生的奔競爭逐，好像流落在外一般。莊子不解答問題，而是發出問題，也許我們的恐懼傷感是有問題的，或許有一天當我們回到死後的家時，會發現死亡是一種安息；而後悔當初在人世間那樣掙扎、艱苦的活下去，這是莊子在〈齊物論〉中說的，人生是一段旅程，而死亡是回家，如果我們這樣想會不會更好呢？因為在人間找不到答案，除非用宗教或哲學來解答。

「適來，夫子時也；
（夫子之來，適其時也）
適去，夫子順也。
（夫子之去，適其順也）
安時而處順，哀樂不能入也。
古者謂是帝之懸解。（瓜熟蒂落）」

莊子說：「適來，夫子時也；適去，夫子順也。」老子把生死看做「出入」，從生那兒來，回到死那裡去；而莊子把它看成來去，這話很好，因為台語把「來」說為「來去」，「來」包括「去」。某一時間到了，爸媽把我們生下來，所以我們來到人間是偶然的時，而離開人間是一個必然的順，人生的路像賽跑一樣有起跑點也有終點線，所以我們不要說死，因為死是另一種方式的活，而有沒有可能生與死就像上班與回家，投入工作與退休那樣，只是存在的不同形式而已，所以我們應該「安時而處順」。

「既來之則安之」，安於我們的來，是父母愛的禮物，所以要好好珍惜自己。不要抗拒，問父母為何要生下我們，要「安時而處順」即安於我們來的時，面對總要回去的順，「哀樂不能入也」，千萬不要在心裡產生大喜與大悲，既然來了就不要抗拒，去了也不要傷感，「生亦何歡，死亦何懼」，所以「哀樂不能入也」。最後他說：「古者謂是帝之懸解。」意謂人生像絲瓜，帝即蒂，是說人活著像絲瓜倒懸在棚架上，死是瓜熟蒂落，生死是自然的，人老了就走不動了，看不到，吃不下了，那死還有什麼可怕呢？所以中國人八、九十歲時死去，其訃聞用紅色，表示沒有傷痛。從大地來，回到大地去，就像絲瓜的根從泥土冒上來，枝葉長在棚架上，長出瓜果則倒懸負累，瓜熟而蒂落，又回歸生命的根土，所以莊子認為生死是很自然的。人會老死，莊子說像辦出入境手續，從這個身體出境，又往另一身體入境，所以只有「化」，而沒有「死」。我們是否會太自私，希望父母親永遠為我們活下去，他們活著很辛苦，舉步維艱，氣息微弱，但我們不許親人老死，你死了我會傷心；假定人生也能如瓜熟蒂落般，那死亡不是很自然嗎？

「殺生者不死，生生者不生。」
「善吾生者，所以善吾死也。」
「置之死地而後生」

莊子又說：「殺生者不死，生生者不生。」殺生就是不生，此一如老子「以其無死地」，「不死之道」在不生。殺生就是我在心裡把生排除，就沒有死的問題了。名利、權勢都排除了，心裡沒有生就不會有死，而「死」是跟著「生」來的，沒有生，死就沒有了。比方說我不想當什麼部會首長，那報上發表部會首長名單時，即使沒有我，我一點也不傷感失落。因為富貴於我如浮雲，心裡沒有留存部會首長的位置，不想要就不失落。有人以為這樣想是阿Q，其實這是人生觀、世界觀的轉換。人生最大的智慧就是割捨，所以殺生者是不死的；而生生反而不生，順應自然的「生」，不會執著造作。你越想抓住，想要更多，越是適得其反。所以道家與儒家一樣，認為：「善吾生者，所以善吾死也。」這是兩家共同的結論，面對死亡之道，就在好好活下去。

「置之死地而後生」有人認為禪宗與老莊很消極，因為教人都把生死看破了，不要了，這不是很消極嗎？實則，我若是連死都不怕了，才有活下去的勇氣，有大慈悲的人才是大智大勇的人。我既然連死都不怕了，還有什麼好怕呢？所以能放開所有疑慮、忌諱、恐懼、憂傷，全心投入創造，因為真正能面對死亡的人，才是真正能有作為的人，不然活著老是有陰影、有顧忌，有一種深藏的不安：「不知哪一天我會死？」不能面對，只好逃避，活著就不能光明正大與勇往直前。此生我連死都不怕了，那還有什麼好害怕的？不是更可以投入開創嗎？透過宗教信仰，學習孔子、老子、基督、佛陀的智慧，讓生命起飛，飛越生死大關。

生死兩安心之道

中國傳統的想法：認為人死後會到另外一個世界去，我相信母親去世後也是去那裡的，所以我在紀念她的文章說：母親去的地方，兒子也會去的。那地方每個人都會去，也因為這一點，所以我不怕死，因為有親人在那邊等我，而這人是我最愛的媽媽。所以對我而言，死亡似乎並不是那麼可怕，因為我心中有愛，子孫會跟著來，祖宗在那裡等我們，一家人是可以再團圓的。

中國幾千年都是這樣，所以我特別喜歡清明節，當掃墓時就好像阿公阿媽都在那裡等我們，而父母親帶著兒子、女兒，一家人浩浩蕩蕩像西遊記一樣，帶著鋤頭鐮刀、掃把及一念真誠，走在陽光普照的大地，一步步走向那家人聚集的地方。在那裡待上一天，除除草、說說話，把歡笑分享給祖宗，這是很愉悅的美好，這是中國人的傳統。

此外，也有投胎轉世之說，在往生的路上展開另一段的人生旅程，死亡之後另有一段。問題是我想要的是這一段，不是另外一段啊！中國的民間傳統是很溫馨的，它包容著每一代的中國人，幾千年一路走過來，一起飛越生死大關。

最後說莊子的一則小故事：

有兩個非常要好的朋友，其中一個叫子來，病得很嚴重，呼吸困難，就要死了，他的妻兒圍繞在身邊哭泣。好友子犁來看他，把子來的妻兒趕走，說：「不要驚擾正在轉化中的人啊！」

人之將死是謂轉化，從生到死，轉化成另一個存在形式，所以他說不要驚擾子來。子犁還對子來說：「造物主好奇妙，下輩子是會要把你變成什麼呢？是鼠肝，還是蟲臂呢？」在生命的最後關頭，好朋友陪他走完最後的一程，且送他最後的一程。

所以醫院的病人彌留時，應該讓他的親人、朋友在旁陪伴，跟他話別。不要去驚擾，而陪伴他走過人生的「最後一程」。

最後要說的是，人生從什麼都沒有的地方來，回到什麼都沒有的地方去，小時候很天真，老時又回到嬰兒的天真。人老了都變成孩子，什麼都忘記，牙齒沒了，也聽不見、看不到了，這不是像當初的嬰兒嗎？所以祖父母總會與孫兒女親近。人從天真中來，回到天真中去，不要把它當作白走一遭，因為旅程中的親情、道義就是最大的價值，不要說死了以後，什麼都沒有，在「生」與「老死」之間有一段很重要的創造旅程，在這段旅程中我們與所有的親人、朋友，共同活了一生，擁有一段美好的時光及人間未來的希望，這段旅程就是真正的價值。所有人生的價值不在於終局，而是在它的過程。以這樣的方式來思考，我們便可坦然，開朗而理性，且充滿愛的飛越生死大關，不要被「死」卡住，飛越過去，才能真正是「活」出一「生」來。

4

自我的重新探索

人生靠道行

第一講「走過人生的關卡」，是從人自然生命的角度來看人生的關卡。人在成長過程中由血氣來支撐：有少年的血氣、中年的血氣、老年的血氣，代表著生命的強度。而人在生命不同的階段有不同的強度，所以每個人都要過自己的關，並通過自然生命的角度，去思考如何開拓人生的前程。

第二講「立足人間與行走人間」，是站在社會人際關係的角度，看到人間的兩大關，一是我們天生為人子女，一生要愛父母；二是我們總會活在某個社會，而這個社會的政治法律是不能逃開的，所以這是通過整個社會的角度來觀察反省的。

第三講「飛越生死大關」，是少、中、老三個關卡之外的另一個最後的關，通過心靈的涵養及精神的提升，一種來自修行的功德願力，來飛越的生死大關。

第四講則要統合這三個層次來說。

自我的重新探索

自我的重新探索是走過了這樣的歷程：自然生命有自然生命的關；人間社會有人間社會的關；而人生終程的生死關頭，是不能漫步通過，一定要精神起飛，最後再回到自己的身上做一番重新的探索。自我本來就是跟天下相對的，對中國人來說，每一個人是自我，而所有的我在一起，就叫天下。人，若不是活在自我，就是活在天下。假定我們活在自我，往往會覺得人生滿荒涼、貧乏、寂寞的；所以人們一定要走向街頭，去找尋朋友、發展事業，希望能讓自己脫穎而出，在人潮中顯現自己的光跟熱。然而最有可能的是，你會在人潮中淹沒，而失落了自我。所以人生有點像是鐘擺，在自我與天下的兩極間擺盪。

中國思想家中有位楊朱，是位道家人物。他為人生所選擇的路是「為我」，也就是回到自我，保存自我的真實，所以孟子說：「楊子取為我。」因為人在人潮中經常會失去自己的個性，反而去迎合、討好、適應整個社會，結果自己的風格、品味就在街頭上嚴重流失。大家追求名牌，穿一樣的衣服，說一樣的話。所以楊朱說要從天下退出，回到自我，自我才能得到存全。不過自我是存全了，卻孤單寂寞依舊。所以另一個哲學家——墨子，是墨家學派的創始者，就從自我走出來，而投入天下，孟子說：「墨子兼愛。」以「兼善天下」為主。因為人生命的光輝，只有在天下才能顯現出來，才能閃亮耀眼。道家學派是從天下退出回到自我，墨家學派則是從自我走出來，奔向街頭。所以後起的道家出現了名士人物，墨家則轉為俠客英雄，在中國歷史上變成最有美感的兩類型人物。

所謂的「自我」，是從「天下」的大環境來說的，一方面希望自我能在天下脫穎而出，活出自己的風格，一方面又希望自我不被天下所淹沒，不在人潮中失落，確實是兩難的困境。所以「自我的重新探索」，就是希望個人的個性、風格、品味能夠在走入天下的同時，依然能存全自我的真實及原初的理想。

找到自己的「然」

「道行之而成，物謂之而然。」

我引用莊子的一句話：「道行之而成，物謂之而然。」「物」是指人物，做為一個人物，而人物走在人間，一生最大的問題就是要「然」自己，能自我期許，自我肯定。我們希望人生沒有白過，就要確立了我們的「然」，找到了自我肯定的位置，所以物一定要找到屬於自己的「然」。人家問我：「是王邦雄嗎？」回答：「然也。」代表的就是問心無愧。別人若問：「你是人家的爸爸嗎？」依舊答以：「然也。」因為的確做了一、二十年的父親。人家再問：「你是老師嗎？」回答自然也是：「然也！」因為已教了幾十年的書。此時，我這個人物好像就找到了一個立足點、支撐點，我是兒女的爸爸，我是學生的老師，所以，就坐得住，站得穩，面對兒女、面對學生都不慚愧，因為我已找到我的「然」了。

所以人一定要找到「然」，找到自己的支撐點、立足點，不然就會搖擺不定。而這個「然」，似乎都通過人家的「謂之」，就像人家會說「你是兒女的父親」，你是何許人，等待人家對你分位的論定；「謂之」代表人家對你的評價，因為人家會怎麼看我是很重要的。像是「最有人緣的同事」、「最有發展性的企業家」，還是「最有前景的學生」，反映出來的是人家怎麼看我。所以，自我是不能離開天下的，你的「然」必須在天下中「然」出來。相對於兒女，我們是父母；相對於學生，我們是老師；相對於同事，我們是同事，……所有的稱號都是從天下人間來的，不然我們就一無所有。面對父母，我們是兒女；面對兒女，我們是父母，人生就走向穩定，就得到「然」了。再到社會街頭，到公司上班，「然」就越來越大。如此儘管天下再廣闊，總是會有一己立身之地，只要我是人家的誰，我就「然」了。所以我們只要聽到人家喊出自己的名字，心裡感受溫暖，不再寂寞無人見了。

民國五十六年時，有一回我帶著幾個一女中的學生去重慶南路逛書店。突然後頭有人跑步追過來，引來不少人的眼光，原來有位警察先生追過來了，並在我面前立定。當時我還以為帶學生買書有問題嗎？沒想到他突然間舉手敬禮，說：

「老師，我是您以前在西螺中學教書時的學生。」我再看看他，還是不認識他！他接著說：「您沒有教過我，我是另一班的。」雖然不是自己教過的學生，但是那個感覺真好。居然有人跑了幾百公尺，只為了稱呼你一聲老師。我就在那個時候「然」起來了，整個姿勢也不一樣了，就像在馬路上踢起正步般的神氣。

所以說「謂之而然」，自我就在天下的自我肯定與相互期許中，找到活下去的道路跟勇氣。小時候我們讀書，是為父母而讀；長大後讀書，為的是讀給兒女看。因為來自於家人之間的「然」，就讓我知道要怎麼去走自己的路。

我是一個人物——道上人物

做為一個人物，應該把自己放在什麼樣的天下？放在怎樣的世界？

我們要把自己放在「道」的世界，所以希望中國文化有儒家、道家的思想，世界上有佛教、基督教的信仰，有現代化的社會，有民主法治，有人權保障，有生態環保……，假定人沒有這樣的世界，要怎麼存活呢？我們所有的用心，都是希望我們的子女、學生，能夠活在更好的時空，所以我們要為下一代保護我們的地球，因為地球只有一個。

人物一定要落在「道」上，我們希望能落在有道德、愛心、美感的世界，人若能活在有尊嚴的世界就叫「道」，所以人物一定要在「道」中，每一個人都是道上人物。否則我們為何要重新探索，一天過一天就是了，何必去探索我們想要的世界。所以說人生比道行。整個政府的教育、政治、法律、經濟、文化等機構，為的就是讓每一個中國人活在一個有道的世界，有尊嚴，有榮耀，而不只是富有、繁榮而已，如此，大家走在這樣的人間街頭，得到生命安頓，內心都很充實，這就是道。

人家怎麼說我——我做了，我才是

人在「道」的價值體系中，人家怎麼稱謂我，人家怎麼看我，就在於我怎麼做，也就是「我行之」。當人家說我是個好同事、好朋友的時候，我已經做了幾十年的同事和朋友了。要體認人生的功德永遠留給自己，不是留給後代的，你做了這麼多年，你「行之」，人家才會「謂之」。如一位老師，只要教學生一、兩年，就是學生永遠的老師，不論是初中老師還是高中老師，都一樣無比的尊敬，只因為他曾帶我們通過人生最重要的里程。所以要人家「謂之」，一定要先「行之」，道是要行的。自我一定要行之，我們不能等待亮麗、光采忽然間降臨在我們身上，而是要不斷自我追尋、自我實現，這就是要「行之」。原來「物」的「然」，就在「道」的「成」，不僅是要行道，還要成道。士農工商都有道，只要堅持幾十年，就能有所成。所以「然」是「物」落在「道」中，去「行之」，人家才會「謂之」，為自己找到屹立不搖的存在定點，及永不動搖的身分地位。

一生「然」於何處——然於道行有成

「然」有兩個涵義：一是「我存在」，二是「我擁有」。生存的第一個問題就是我存在，人一定要活著，健康、喜悅、充實的活著。而當「我活著」、「我存在」之後，另一個要思考的則是「我擁有什麼」，這也是大問題。我存在，這好比是我的身分、地位。我擁有什麼，則是問是否有名利權勢、才情事業。所以人生兩大問題就在此。「然」的問題，就在「我在」與「我得」，其一是我存在於世界上，其二是我擁有世界上的什麼——譬如說我讀書就擁有學問；做事就擁有事業；愛我的父母家人，才擁有親情。道行就是要讓人存在得更安心，不然有時候，人會懷疑自己為何活著。我有一個學生嚴重殘障，他最大的難題就是：像他那樣的人為何還活著？他的身體失去靈動，只有兩隻指頭能動，他從國中、高中，進到大學，都不停在自問著：為何還活著？活著有什麼意義？所以人存在並不是那麼容易的。因此，一定要找到一個「道」，才能在「道」中活著，否則人的「在」是會被懷疑的。

而且人生都是這麼忙、這麼累，存在就已經是很不容易了；一旦存在了之後，再問自己「有」什麼，如「有沒有親情」、「有沒有道義」、「有沒有友誼」、「有沒有事業」、「有沒有學問」、「有沒有風格」、「有沒有品味」、「有沒有魅力」，總是人要去面對的問題。人的在、人的有，哲學上稱為「存有論」，我存在，我又擁有。

然於自己，自在自得

所以人生兩大問題，一是「在」，一是「得」，總說是「然」，找到自己存在的分位，建立自己存在的基礎。因此這樣的然就有兩種可能，一種是「然」於自己的，叫自然——活著的意義是由自己給出來的。假定你的然是人家給的，那就叫他然，這樣自己存在的基礎是會動搖的，因為他然是會變化的。所以最好把人在社會上的身分地位，放在做父母、兒女上，放在做人家的好朋友，甚至好國民上，這樣子一生就能過得很好，因為所有的道行都是自然，都是自己走出來的。自然，是自在自得，我自己在，自己得，有自己的尊嚴，人家就不能否定我。假定是他在、他得的話，只要他一變化，你這個「然」就沒了。

今天要談到自我的「然」，一定要通過哲學思考，在孟子來說，是「求在我者也」。亦即人生所求，一定要求在我，千萬不要「求在外者也」，也就是不要外求，更不要對外面有太多的依賴。「求在我」是指德行，自己可以做到；「求在外」是指福報，你在外的排行榜如何，或多少人投票給你……，就是「求在外者也」。所以說人生的不安定感，影歌星最嚴重，另外就是在股票市場進出的朋友，恐怕他們每天回家，都要打禪七才行，要靜坐，把得失放下來。我沒有反對的意思，只是說明一定要有「道」，因為本質上是他在他得的，你自己不能決定股票漲或跌，往往說不出原因，或許只是一個心理因素就馬上往下掉。

所以我們找到的路，是要「然」於自己，不要「然」於別人。我的意思不是說我們不要社會也不要天下，而是說這個然是我自己給的，而我還是有很多朋友的。今天就算是朋友的一句重話，或是家人說了一句傷感的話，也千萬不要動搖，只要你愛他們，怎麼會動搖呢？這個愛是我們決定的啊，儘管會有些許傷感落寞，令人受不了，但是你對他們的愛與付出，仍然是我們主導的，這就叫「求在我者也」。在孟子的說法，這叫「天爵」，是老天爺保證我們一生可以有尊嚴的人性高貴，都能由自己做主。而人間街頭的名利權勢，叫做「人爵」，人間的爵位不一定靠得住，也沒有像我們天生的德性那麼高貴。假定我們往這邊思考的話，就能在做人的路上有個「轉」向，能扭轉我們以前的做法跟想法。

自我的三個身分

在弗洛依德的心理學，認為自我有三個身分：本我、自我及超我。本我是屬於原始欲望的我，人天生有一種原始的驅迫力，有生理官能的欲求，這個我是要求滿足的。而最上層超越的我是來自於宗教誡律與傳統禮俗的，它是下價值判斷的，給出是非的判定。當「超我」在下道德律令，「本我」又衝上來要求滿足，所以夾在中間的「自我」，就陷於兩難，這就叫天人交戰。人活著的每個當下原本都是自我，但是下層還有本我，要求欲望的滿足，上層又有一個超我，下令說不可以，於是就產生了人格適應的問題。

今天我要講的是中國人的說法：人的最低層叫自然物，像血氣未定、血氣方剛、血氣已衰就是自然物的層次。在這一點上，我們跟萬物、飛禽走獸一樣，都是自然物。從自然物的角度，我們甚至還不如飛禽走獸，因為我們不能在天上飛，不能在水中游，也無法跟牠們的速度比。從這個角度，我們將無法成為世界的主人。所以人的第一個層次是自然物。

第二個層次是社會人，在社會結構中有一個人的身分，扮演某一角色，也發揮應有的功能。

第三個層次是人文心，人文的心靈，心靈中有情意有理想。

我這樣的思考是為了順應學術門類的三大區分：自然科學、社會科學與人文學門，分別研究自然物、社會人及人文心。事實上每個人的身體都是自然物，在社會的人際互動就是社會人，而內心深處的價值抉擇就是人文心，我們每天都以這三個身分活下去。所以這三個層次是一樣重要，一起出來的。

自然物

從自然物的觀點來看，自我有兩個：一是才，一是氣。人有生理官能欲求，而宗教則要求禁欲、寡欲或節欲，似乎認為自然物是不太好的。但是我們一定要肯定每個屬於自然生命的自我，不要光看成是負面的：人是會墮落的，人是有欲望的，人是有罪的……，這些話都要少講，應該多說的是人天生都有才情氣魄，而且才氣是中性的。所以人屬於自然物的部分，不能用宗教禮俗的觀點來看它的負面，而把人的自然生命看成災難。而且要肯定一點：「天生我才必有用」，才氣是可以燃燒的。假定沒有才氣，是不能發光發熱的。今天社會上各行各業都在燃燒自己，台灣社會四十年來才有如此蓬勃發展的成果，就要成為世界的明星，但希望不僅止於經濟明星，止於台灣奇蹟而已。

才跟氣是很根本的。但是我們必須知道才跟氣究竟在哪裡。這樣就是自我的認識與探索。大體上，我們的性向才情是有個天生趨向的。像孔雀公主楊麗萍的風靡台北，顯然就是天生的才跟氣，必須跟她的家鄉西雙版納做一結合，那裡不光是地理位置，還包括了宗教信仰。千萬不要讓自己的才跟氣，變成人間的棄才跟天地的逸氣。「氣」是會在天地間飄逸而去，許多青少年的氣就在人間流盪，也有好些英雄人物的氣在人間暴衝，這就是逸氣。或者是天生我才，但卻自我拋棄，這就叫人間的棄才。這是牟宗三大師用來形容魏晉名士的，他們不是成為人間的棄才，就是成了天地的逸氣，因為天生才氣沒有充分的發揮，這是很可惜的。所以不要讓才氣在天地間流盪，在街頭流失。很多青少年在街頭遊盪，到晚上「氣」就沒了，而「才」也在愛現中揮灑掉了。

另一個負面是有才有氣卻恃才傲物。我們會說有人鬼才，有人神氣，然後這些人產生了一種優越感跟英雄氣，用他天生的才氣來壓迫別人。棄才逸氣是自己拋棄了才跟氣，沒能修成正果；而在人我之間用才氣來壓垮別人，這樣的優越感跟英雄氣，則是人際關係上的負面效應。

這是第一個層次的自我，從自我的拋棄和人際關係的負面效應，來思考這個問題。每個人都有才氣，要重新思考自己的才氣到哪裡去了。是流失在街頭了？還是在人間遊盪？或者是當作利器用來壓迫自己的家人跟朋友？若是這樣的話，你的才氣就變成人家的負擔，而不是發光發熱，帶來熱力跟光照，而會讓別人黯然神傷。這樣自我就沒有發揮它正面的功能了。

社會人

其次要講的是社會人。人間社會一定有名利跟權勢，因為名利是給承擔人間責任者的獎勵，權勢則是推動社會改革的力量。人民授權給總統跟行政院各部會，藉行使公權力，來為人民做事，而不要部長說什麼，大家都反對。

中國人文傳統有一個趨向就是討厭名利跟權勢，就好像我們厭棄生命本能會墮落一樣，認為名利權勢會污染人心。但事實上，整個社會一定要有名利，來肯定對人間盡心盡力的人。然後還要有執行的權力，也就是權勢。所以做為一個社會人，離不開名利跟權勢。假如我們在人生的路上，擁有什麼名、什麼利、什麼權位的時候，千萬不要抗拒，不要覺得自己怎麼這麼庸俗，怎麼越來越不長進，越來越有名了。

這種感覺是很真實的，在我的《緣與命》暢銷時，我真的覺得自己很差勁，做為一個學者，寫的書是不應該暢銷的，所以自身承受了很多壓力。那時我真的是不高興，甚至有人問我感想時，我回答的就是「討厭」。因為《緣與命》與《再論緣與命》都在中央副刊連載，出書後又暢銷，人家就以為王邦雄每天都在寫「緣與命」，但那代表的是我對人生跟社會的關懷呀，一個學者難道只能寫學術性的文章嗎？但是我為了扭轉人家的看法，此後在中副寫「天明集」專欄，一定引經據典。就像今天我跟你們談的也從經典出來，進行現代思考。後來中副的主編說讀者寫信來抗議，問我為什麼把有趣的文章在聯合報發表，而把比較嚴肅的文章交付中央副刊？因為當時我在聯合報也有「向生活說話」的專欄。可是冤枉啊，我只是想扭轉一下讀者對我的印象。

所以有時候，名利跟權勢還是要看成中性，不要把才氣看成罪過，也不要把名利跟權勢看成是要不得的。傳統價值觀都看不起名利，說是要清高，但大家都做清高的人，誰來為台灣社會做事？我們是否應該給做事的人一個應有的肯定，給他一個「然」呢？

但名利權勢也有負作用，會引生名利心跟權力欲。當人急切的想把名利權勢變成自家特權專利時，要抓住不放時，就叫名利心、權利欲。不過，在抓住的同時我們自己也掉進去了，就變成自己的桎梏。桎梏是一種刑具，也就是在心裡壓迫自己，希望擁有天下的名利；這樣的想法就剛好給自己套上桎梏，就會在乎排名。某些書局每個月都有暢銷書排行榜，我一碰到吾家侄兒，他就說：「伯伯，你又掉兩名了。」我的書從十九名進去，一直往上攀升，後來又一路往下滑，然後每次碰面，姪兒便說：「你又掉三名了！」到最後：「你沒有名了！」終於跌落在排名之外。但至少現在很輕鬆，沒有人會再說又掉幾名了。所以成名人會變成受刑人，會患得患失。

台灣要有名，要發展出工商業社會，要成為東亞的奇蹟，這樣的名利是好的；但若說要把名利帶回家，就是不好的。其實權力是開放給每一個有才能的人，只要能為我們做事就可以把權勢託付給他。所以權勢是客觀的，不要看不起權勢。但若說，權勢一定要為你所有，要抓住它，這就變成私心了，就不是整個社會的公權力。私心一旦加進去，就會變成自我否定，而失去公信力。千萬不要把它帶回家，因為它反而會成為你的壓迫，讓你每天都在擔心會有人來取而代之。如此名利會變成桎梏，而權力也會讓人腐化，是會讓自己的光明度、透明度減少的。所以越有權力的人越需要修養，越有名利的人越要有道行，此乃放諸四海而皆準的。做爸爸媽媽的比兒女需要修養，做老師的比學生更要有道行，因為長輩是比較有權力的，而且是由你主導、帶領，晚輩的未來你要負責。

人文心

第三是「人文心」，依我的想法，人的心靈是有理想有情意的，我們經常會問那人講不講理，有沒有感情。理想帶來光明，情意生發熱力，心靈會發光發熱，就是因為有理想，所以，人要有理想，就能照亮自己的前景。有理想才能知道要往哪裡去。其次是要愛你自己，愛的情意才能激發力量，所以不要光談理想，也要談情意。今天我們對孩子懷抱理想，要孩子好好讀書，問題是你必須陪著他，體貼他，好好愛他，他才會有力量。老師說教也都是理想，但總要想想成長是滿艱苦的，要記得走在他們的身邊。理想單方面的發展，將會變成空理；每天都講理想的人，到最後理想是空的。因為對人的同情諒解不夠，是會以理殺人的。我們面對理想很高的父母、老師，會感到很大的壓力，怎麼做都不對，他們都不滿意，就會感到做他們的兒子、學生好難。本來考六十，後來考到九十五了，他們卻說：「還差五分。」實則考到六十五分就應該擁抱了！當然考五十五分時更要擁抱，因為那時孩子正在傷心。

理想不要變成空的，要有同情跟諒解；而情意也不要變成濫情，不知分寸，不能恰到好處，就會氾濫而無節制。從人文的觀點來看，光談理想，每天說你不合理的那個人是乾枯的，只有情意才能給予滋潤。最理想的就是，講理想的人同時擁有情意。每說一句理想的話，同時付出你的情意。「孩子，下次考好一點，來，爸爸陪你。」這樣才是合情合理。濫情則是：「爸爸愛你，你不讀書也沒關係。」所以要有合理的情意，情意中有理想，這個情意才有成長性，理想要有情意，理想才不會落空。所以人文心是兩者兼備的，不能說你是學理的，就只能講理，是學文的，就只能講情。以至於理學院很乾枯，文學院很氾濫。應該是要互相融入，文學院有了「理」，更有發展的空間；理學院有了「情」，則得到支撐的動力，來避開各走偏鋒的負面影響。

自我就是這三個層次。我再用西方三個人物來說明。在自然物的層次，西方有位生物學家，同時也是思想家的達爾文，提出了物種原始論，認為自然世界是物競天擇的世界，所謂「適者生存，劣者淘汰」，便讓自然世界變成戰場，因為「優勝劣敗」！假定我們的自我是落在原始世界的話，我們很快會被其他有力的動物所淘汰。因此我們到人間社會去尋找存活的空間，馬克思卻說，人間社會是階級鬥爭的戰場，是有產階級跟無產階級永無不止的鬥爭。原來人間社會也是戰場，是要講階級鬥爭的。於是我們又走向另一個世界尋求希望的可能空間，即自我的世界。但佛洛伊德說自我也會產生鬥爭。如前頭所說的，是超我與本我的拉扯。這三個人的觀點對近代世界影響很深遠。人要活下去，第一個生存空間就是自然世界，達爾文卻認為這個世界是生存競爭的戰場，自然世界之外，我們還有人間社會，但馬克思卻說它是「階級鬥爭的戰場」；最後僅能回歸到自我的世界，佛洛伊德又說自我也是個戰場。果真如此，那麼人生該往何處去？失去自然世界，我們還有人間社會；失去人間社會，我們還有心靈自我，假如連自我的心靈都失去的話，人生就要面對嚴重的難題了。當然中國人不是這樣想的，我只是通過他們的論點來解析。事實上，我們活得不好，會覺得這世界是優勝劣敗，因為競爭是很冷酷的，所謂「適者生存，劣者淘汰」，這個社會將會變成資本家跟勞工者的對抗。我們的自我有時候也會有很大的掙扎，到底要走怎樣的路比較好，我想要追求我想要的，但又有社會體制或價值規範的重重限制，通過這三方面來看我們到底為什麼活不好。

活不好就是變成負面的，變成負面就是棄才與逸氣，有優越感跟英雄氣。本來才氣是可以好的，你卻讓他變成不好；名利權勢變成自己的名利心、權力欲，就不好了。不僅是桎梏，而且還讓自己腐化，以致光明度、透明度也減弱；人文心則變成空理跟濫情，最後變成生命的乾枯跟氾濫。原來我們所擁「有」的都可能變成負面，反而動搖了我們的存「在」，所以難怪活不好，因為自然世界是戰場，人間社會是戰場，連內在自我也是戰場，所以在此我們要有個扭轉，而且要通過自我的修行去養成。

自我的修行養成

志於道

如何讓自己的才跟氣變成正面的呢？很容易的，才經過學叫才學，才學結合的人叫學士；氣，本是氣魄，與志向結合即是志氣，有志氣則是志士。從心胸來說，士農工商，在任何行業，只要你的心胸器度，能把才氣引向合理的道路，如此就不會成了棄才、逸氣，也不會有優越感跟英雄氣（甚至流落為江湖氣），這叫修成正果。自己的才氣千萬不要飄散跟拋棄，因為這兩者都是會跑掉的。所以才要通過學來拉住，氣有志就會凝聚，才要有學才會生根，氣要有志才會往上伸展，這樣就能取得士的胸襟氣度，把自我的天生才氣引向合理的道路。而且我們有才有氣是可以幫別人開出路來的，也就是希望每個人都能分享我的才跟氣。

如大家一起來推動社會的改革，就可以給出道路，所以任何人關鍵在有沒有「志於道」，這樣天生的才氣就不會往負面走，而往正面走，可以開花結果，修成正果。不然，即使鬼才跟神氣都沒有用，而是希望變成人才跟人氣，因為鬼跟神都在人之外，而人才跟人氣能引向人間合理的道路。

據於德

對於名利，則希望在名利中講品格、格調，在權勢中則講正義、道義，因為有權勢給名利的人，是要依據道路來走的。事實上，名利跟權勢都離不開制度，品格跟道義都要納入結構，在規範中運作，這樣就不是個人名利心、權力欲，而是屬於整個社會的，就不會成為自己的桎梏或導致人性的腐化，因為這是通過品格和道義而來的。假定名利中加上品格，權勢中加上道義的話，通過整個社會的軌道，就叫「據於德」。所以在社會人際關係中，我們加上德去行的話，名利權勢都會突顯正面的意義。假定我們自己走入那裡面的話，依據結構來運作，就代表了對國家的付出奉獻，而不是自己一個人在汲汲於名利，奔走於權勢，變得言語無味，面目可憎，一定要讓自己的存在擁有光明正大的氣勢，找到一個開闊的精神空間。誰不在名利中，不在權勢中？人都要做事，只要有職就有責，某一種職責就有某一種聲望跟權勢，所以人離不開名利權勢，問題是名利跟權勢都不能離開品格跟道義，這叫據於德。

依於仁，游於藝

我們都是有理想、有情意的。理想就是一種創造，情意就是一種觀賞。理想在追求善，情意在追求美，人生是要盡善盡美的，但我不希望人是偏離的發展。而是希望理想有情意，情意有理想。雖走在創業的路上，請觀賞人間的美好，因為許多人在創業時，一路往前衝，看不到人間的美好。簡言之，理想就是有個方向很穩定的人，因此有理想的人一定是可靠的人，因為他是對的；但是這個社會的問題就是，很多對的人不可愛。大家受不了，就是因為每次他都對。所以有理想的人，走在創業的路上是可靠的人，但會不會就變成沒有趣味的人呢？或是變成美感失落的人呢？很多好人就不大可愛。我有一篇文章說可敬的人不可愛，又說好人會做壞事，因為很多好人做了很多讓我們受不了的事，就因為他少了一份情意。所以該如何在可靠之中加上可愛？以《論語》的話來說，就是「依於仁」。有仁心就是有愛心、有理想，理想通過愛心顯示出來。而在愛心的活動裡面還要通過藝，這是「游於藝」，不然我們的愛心會變成乾枯的。譬如我們在學校辦一個愛心園遊會，有很多攤位做活動跟遊戲，吸引了小朋友，也帶動社會人士，這就是因為愛心通過藝術來展開，引來觀賞的眼光。不然做好人不會有吸引力。做好人要有吸引力，就要加上美感。

我們都承受太多讓自己成長、讓自己創業的壓力，所以有時候會變得很乾枯，單方面發展，一直在創業，一直往前衝，少了一點觀賞，一分情意，一點美感。這樣幾十年下來，我們自己都會受不了。所以我們用孔子這四句話「志於道，據於德，依於仁，游於藝」，來詮釋自我的修行養成，把自然物的才氣引到人間的大道，這是「志於道」；把社會人的名利權勢加上品格道義，這是「據於德」，使它變成民主法治的軌道、規範；而人文心的理想、情意要兩相交會，是不能光講理想或光講情意，呈單方面發展，而要相互融攝，讓所有的愛心都要通過藝術來推動，這是「依於仁，游於藝」。愛兒女，就陪他下棋，陪他打橋牌；愛學生就陪學生打球、郊遊，所有的愛心都在情意裡面，千萬不要變成愛心獨立，變成抽象的愛，這樣的愛會變成很可敬，但不可愛，世界上有很多愛還不可愛。人生有兩個追尋，所有的人都要愛，我們要問的第一個問題是：他的愛可靠嗎？第二個問題是，可靠的愛還可愛嗎？假定愛很可靠卻不可愛，那是災難，因為他將一直跟在你身邊。所以人間社會的人文心，一定要理想情意相交會，如此，所有的善才會有美感，所有的愛才會可愛，達到理想的愛是可靠的；有情意的愛是可愛的，使理想與情意交會成長。

自我成長的進程

最後則要通過莊子的三個寓言來說明自我成長的進程，分別由自然物、社會人、人文心三層次來探索。

第一個故事是〈山木篇〉的「材與不材之間」

有一回莊子帶學生到山頭去遊山玩水，看到路旁佇立一棵枝葉茂盛的大樹，木匠僅停留一旁，而不砍伐。莊子覺得這種景況很不尋常，木匠是要找木材的，看到這麼一棵大樹，怎麼沒有進行專業的行動呢？莊子趕緊上前請教：「你不是來找木材的嗎？為何連路邊大樹，都懶得理呢？」木匠說：「你只要看它長得那麼大，就知道它不可能有用。」莊子當下跟眾弟子說：「眾生聽著，這棵樹之所以能長得那麼大，是因為它無用。」他要學生汲取人生的智慧，越無用的人越活得長久。

這天傍晚，莊子帶學生到山下朋友家投宿。朋友為了招待他們，就找來童子說：「來，殺一隻鵝來款待嘉賓。」童子就問：「要殺哪一隻？是會叫的，還是不會叫的？」主人回答：「殺不會叫的那一隻。」這一餐吃下去學生心裡都有了疑問，為什麼這隻鵝不會叫竟然被殺呢？不是說木頭無用才能長那麼大嗎？為何這隻鵝卻因為不會叫而遭到不測的命運。第二天離開主人家，弟子就趕快提出問題來了：「山中的木，是因為無用而能活命，但主人家的鵝卻因為不會叫而被殺。老師，假定是你要怎麼辦？」這個答案就在「材與不材之間」，所以莊子意謂在山上路邊要做棵無用的大樹，在山下住家就做隻猛叫的鵝，這是莊子的戲言。

但這是有很多變數的，假定主人在請客的當天清晨四、五點，就被猛叫的鵝聲吵醒，那麼答案可能就不同了，也許是：「殺掉亂叫的那一隻！」所以活在人間，你是要有用還是要沒有用？這是很難找到最後的答案，就如同到底會殺哪一隻鵝是沒有定準的。因此人生若老是在追隨社會流行是很累的，就像隨時要看人家的臉色一樣的累。所以材與不材之間的意思是說，不要管我們的才氣對社會是有用還是無用。譬如性向才情是否符合社會潮流，根本不要管。因為現在是工商業社會，工與商是應用而成熱門的，文理是理論而成冷門的。但是三十年風水輪流轉，也許有天冷門就變成熱門的。既然社會搖擺不定，就不要管社會的有用無用，只走我的路，看我天生的才、氣在哪兒。因為這是關乎一生的，而不光是幾天、幾年而已。所以我們的「然」，固由社會而來，但有時候要擺脫社會的羈絆，忠於自己的才氣，而力排眾議。

所以我的人生哲學就是一句話：做我自己。千萬不要讓社會牽動，而讓自己搖擺不定。社會的熱門可能是你的冷門。只要我們堅持一生，一定可以走出自己的路來，至少自己喜歡，可以自在自得，就不會陷入做「主人雁」或「山中木」的兩難。因此自我的重新探索，也就是要找到自我的重新肯定。不要去預測將來的熱門，如當初我念中文系，哪裡會想到今天中文系會比較熱門。不過是因為我喜歡文學，就走過來了。人所求不多，只是希望每天活得好。所以要從材與不材之間跳開，從「自然物」的層次來看你的專長在哪裡，進而去選擇做為一個「社會人」所要走的路，而原動力則是每一個人都有的「人文心」。

第二個故事是〈齊物論〉的「罔兩問景」（「影之影」跟「影」的對話）

有一回「影之影」對「影」說：「你剛剛坐得好好的，為何突然間站起來？你剛剛是停著的，為何又突然間走動？你這個人怎麼起坐不定，行止無常？」它提出嚴重抗議。為什麼？因為影要動時並未知會影之影，所以影之影每次都被拉扯。這種心情我們最能體會，就像我們搭公車時，司機先生從來不通知我們就緊急煞車，我們就一路往前衝，坐公車不舒服就是像這樣的被牽動。影回答說：「我是有所待才這樣子，你不要以為我可以做主。我是人家的影子，道地的如影隨形！那個『形』動，我才動的，但是你也不要責怪我的主人，因為他也是不由自主的，我的主人就好像是蛇蛻的皮跟蟬脫的殼一樣。」因為它只是「形」，形體是無法控制向左或向右轉的，只能由「心」來決定要往哪一方向走去，由心來下命令。原文並沒有點出心，故事說到此就結束了。

這個寓言告訴我們的哲理就是：人物都活在人間，都在捕風捉影，整個社會的流行新潮都奔向街頭，追求同樣的名牌，這一來，大家都變成「影之影」了。但莊子的「影之影」還會抗議，而我們的卻沒有。今天自我的重新探索，恐怕就得在大眾街頭重新找到自己。真的認清自己喜歡什麼，自己在做什麼，千萬不要迷失街頭，老去捕風捉影。今天，許多人不只是「罔兩」，而根本已成「罔萬」，就是指我們很少自己去面對問題，去觀察，去思考；都看人家做，聽人家說，是「人家影子的影子」的影子，一路影子下去。但道行，是要自己去做的，所以老子說：「上士聞道，勤而行之；」又說：「下士聞道，大笑之。」上士聞道就盡力行去，下士聽道，則以為好笑，因為他認為現在該講名利權勢，是生存競爭的時代，你還告訴他比道行，他會覺得真好笑。

所以「罔兩問景」，是告訴我們在人間街頭很可能變成是人家的影子，且是影子的影子，不只是「罔兩」，而是變成「罔萬」，也就是在人間街頭的流俗之中，自我消失了，有嚴重的失落感。所以我覺得我們會活不好就是因為我們自己不見了。我們的寂寞就是沒有自己，我們的悲苦就是我不是自己，但是我們都誤以為是沒有趕上時代，沒有走上社會的尖端，事實上卻就是失落了我自己。

第三個故事是〈大宗師〉的「神巫季咸」

所謂「巫」，即神跟人之間的媒介。鄭國有個神巫名叫季咸，他可以預測人的死生存亡、禍福壽夭，奇準無比，連年月日都能推算出來。他走在路上看到人就說：「你明天，你下個月，你明年……。」好像拿著閻羅王的生死簿，看到人就判定什麼時候要回去報到。所以鄭國人看到他都嚇死了，趕快逃開。他好像清道夫一樣，走到哪兒就整條街不見人。但是有一個人不怕，即列子，因為他是道家人物，能勘破生死大關，所以他很崇拜季咸，每天都跟在後面走，還回去告訴老師壺子：「老師，以前我以為你是天下第一，現在恐怕要跌落第二了。」壺子就問明緣由。列子說：「有個叫季咸的人，幫人家算命可謂神準。」壺子的回答是：「我教給你的，你真的都做到了嗎？都修養得很有道行了嗎？不然為何下此判斷？我看不是他神準，是你膚淺。」於是壺子叫列子找季咸來，看看他有多神。

季咸隔天來，看看就出去了，告訴列子：「你的老師死定了。不會超過十天了。因為他臉上的氣色像是濕灰。」（濕灰是焚燒成灰後，用水澆過，濕灰大概就永遠不能復燃了）於是，列子一路哭進來，他雖不怕死，但聽到老師活不過十天，也忍不住哭了。壺子問他原因，列子就老實說出季咸的鐵口直斷。於是壺子就說：「我剛剛給他看的是大地不動之相，是杜德機，他當然說我死定了。」又要列子明天再找他來。

第二天季咸來，看了壺子之後，又像醫生不敢告訴病人病情般，在外頭跟列子說：「你老師有救了，他碰到我是他的運氣。今天我看到杜權，關閉中有權變。」列子趕緊進去告訴老師這個大好消息。壺子說：「我剛剛給他看的是天道生物之相，是善德機。天道生萬物，所以他當然說我有救了。」

第三天季咸又來了，看了壺子之後，告訴列子說：「不行，今天你的老師相貌不整齊，我不能算。」居然還有算命的嫌人家相貌不整齊，不過這至少證明了他真的是依據相來算命，是鐵口直斷，絕對不是江湖術士。列子又進去據實以告。壺子說：「好，這因為我剛剛給他看的是衡氣機，是太沖莫朕，一片清虛而沒有朕兆。」

為什麼說相貌不齊呢？因為是衡氣機，就是兩邊平衡。諸位有沒有看過布袋戲，有一位黑白郎君，一邊是黑，一邊是白，那麼你說他是黑道還是白道？壺子給季咸看的就是一邊神采飛揚，一邊卻是黯然神傷，兩邊卻是平衡的，那麼該依照哪邊來算呢？所以季咸說不齊不能算。壺子說再找他來。

第四天季咸又來了，兩腳跨過門檻，還沒有站定，轉身就逃，立刻消失無蹤。我們當然很關心他到底看到了什麼？為何落荒而逃呢？壺子馬上曰：「追之。」派出去追的人就是列子。莊子〈逍遙遊〉說列子能御風而行，可以說是全天下跑最快的。不旋踵間他又回來了，說：「老師，這個人在大地消失了。」因為列子是世界上跑最快的人，才能這麼確定。這代表季咸的金字招牌砸掉了，從此隱姓埋名。一個人號稱神算，卻算不出反而逃掉，還能神算下去嗎？壺子的用意可能就是要指點他。

究竟季咸看到了什麼呢？壺子告訴列子：「我剛剛給他看的是『未始出吾宗』。」未始出，就是從來沒有走離，吾宗，就是我真正的我，也是就是我不走出我自己給他看。前面給他看的三個機都是人生每一當下的應機，而這一機是不給他看。

人生都是當機示相，是什麼機就給出什麼相，像平劇的臉譜，你演什麼角色，就畫什麼臉譜。所以人有無限的可能，只是應這個機，我給出什麼相罷了。未始出吾宗，就是不給他看，平時他看到的是你給他看的，而你給他看的只是一個臉譜而已，因應這個機，你就站在你的立場來扮演你的角色。這樣人家也才知道要如何來跟我們對話，像遞名片就是一種方式，人家可以馬上知道你是誰，在這一機可以相知對話。所以有人印好多種不同的名片，在不同的場合介紹自己，這樣才可應機靈活。

原來每個人都有無限的自我，即「淵」，水總是匯流在深淵，生命一如「淵」，是深不可測的。但是每個當下，你可以用止水的姿態出現，也可以用流水的姿態出現，還有另一種水是又流動又不流動的，它是迴旋的，雖流動卻在原地打轉：這都是屬於淵。止水是「杜德機」，流水是「善德機」，迴旋的水是「衡氣機」，而水的本身是「未始出吾宗」。

其實，每個人都有像壺子的「未始出吾宗」。在人生每個當下，你把自己推出來，並且靈活對應那個機，就會很受歡迎。但是你背後永遠都會有一個「未始出吾宗」的自我，永遠不會在社會中流失。我現在參加這個聚會、活動，講這樣的話，以這樣的態度、身分、神情，但是換了一個地方，我又不同了。這不是說我們無常，而是我們靈活、生動。所以人的命是不可預測的，他能算的只是那一機而已。是以命是無限的深厚，無限的可能性。就如活在人間，有時做父親，做兄弟，有時做老師，做朋友……，有無限的身分跟可能，但重點是都要是真的，因為背後都有一個「未始出吾宗」，它是源頭活水，所以每個機都是真的，每一個機都有活力。所以說當機示相，示一個相給你，相命就是從你的相來看你的命，問題是永遠相不到沒有相的地方。人的自我有無限的可能，像天地般無限寬廣，應該好好珍惜，因為人生永遠有無限的不可預測性。而面對人生不同的階段，我們可能以全新的不同姿態出現，可以讓家人朋友安心，所有的人充滿歡欣，就是說跟你在一起時就充滿了喜悅跟美好。只因為人生道上，從來都沒有失落「未始出吾宗」的真我——那個內在的最高的人文心靈。

「命」往「緣」中「運」，「緣」守「命」中「分」

最後的結論，我以兩句話來作結，就是「命往緣中運，緣守命中分」。人生的「命」注定要往「緣」中去「運」，因為我的命是我自己的命，但是我必須在街頭的人際關係去運我的命，所以我的命要跟很多人在一起，要有共命，如朋友間是一個命，公司是一個命，台灣社會也是一個命，因為我的命是跟緣在一起，不可能往別的地方運，一定要交朋友，要有好的人際關係。但是人間的「緣」要永遠守住「命」中的「分」量，即自己的本分、分量，要清楚自己是誰。緣就是要守住我這個人命中的分，像我現在五十一歲，分就不同了。十幾二十歲打球時是代表隊，現在在球場上則變成領隊、啦啦隊了，因為我知道自己的分位。緣守住我們「命」中的「分」，才是善緣。

我們已把這幾場的人生關卡做一統合，希望「自我的重新探索」，能讓人生的問題做一總結，讓我們找到一條自己活得好，也讓我們的家人、朋友一起活得好的道路。大家過關，而不被卡住。

過自己的關，過人間的關，過生死的大關，找到自我的分位，實現自我的價值，圓自己一生的「夢」，讓夢想實現而無憾！

附錄

人生對話

問　三代同堂滿複雜的，該如何相處，才不會滋生困擾？

答　人在走向婚姻時都有份感傷，依儒家式思考即是因為有外人要加入親密的團體所致，而最明顯的是父子、兄弟、母女間的感覺將會有所改變。三代同堂最大的難題其實出在中年人身上，剛加入的人必須儘快的融入對方的家庭，成為其中一分子才行。作媳婦的要能變成公婆的女兒，女婿則希望能成為岳父母的兒子。然而，做女婿做媳婦對岳父母、對公婆的最大孝順是：每一年放先生、太太幾天假，讓他以單純的身分回去父母身邊做兒子、女兒，這將會帶給長者無限的喜悅。

我小時候曾經生了場大病，母親就向天公許願祈福，而我果真活過來了。過了二、三十年，母親想起了這件事，就要我回家鄉去拜謝天公。當時我已是文化大學哲學系的教授，卻在家門前向天公跪了一晚上。最妙的是，我好像又回到了童年，父母也高興得很，彷彿往日的小兒子又回來了。所以只要老年人能為中年人多想想，三代同堂不是問題。至於要如何融合成一家人，不使父母因為娶媳婦、嫁女兒而覺得失掉了原有的孩子，反而是多了一個孩子，就要靠大家去用心了。

問 **中年人不僅要面對自己的關卡，還要承擔老年人及少年人的關卡，對上要做孝順的兒子，對下又要孝順兒子，此時若感到有心無力，該怎麼辦？**

答 中年人是一家的中流砥柱，千萬不要以為他是永遠不倒的英雄，是永遠不累的鐵漢。中年人同時面對三階段的關卡問題時，不妨說出來，讓父母子女了解，如此便是讓父母兒女跟著你一起過關。前幾年，我看到母親時，就蹲下身，讓她摸摸兒子的頭。有時她還會塞幾百塊錢到我的口袋，那時我的手在袋中，媽媽的手也在袋中，那個口袋就像個乾坤袋，裝滿了媽媽永恆的愛及母子間無盡的親情。這樣就很容易過關，因此，要過關就得靠一家人同心協力的站在一條線上，如此一來，中年人絕不再感到苦悶，而且還能過得很好。

問　我在青年期就已邁入老年的階段，而周遭的人卻還在「鬥」的階段，請問要如何協調及影響別人呢？此外，少年時可否擁抱田園，是一定要等到年老了才行嗎？

答　年少時就能不以肉眼看世界，而是以天眼看世界，是能看開的人才做得到的。但如果按照人生階段來說，則在少年時成長，在中年時創業，在老年時歸隱田園，才是正位。如果人在年輕時，就擁有悠遊自得的心境，卻看到周圍的友朋還在汲汲營營，就應該展現你的美好在他面前，讓他透過你，看清激烈競爭的後果。不過若是他的搶第一、爭排名，是通過創造的衝動，成果給大家一起分享的話，則應該加以肯定，因為他的名利權勢是為了全國人民。但要是他的爭權奪利僅只為了滿足自己占有的衝動，那麼他日日夜夜為打敗別人而辛苦，首先打敗的卻是他自己。所以該用你的美好安詳、淡泊寧靜來帶動他。以我來說，自己好茶道，每回朋友來，就泡茶請他喝。假如他還不心向茶道，就送茶具、茶葉給他，說下回拜會時才有茶可喝，相信情況一定會漸漸改觀。這就是拿儒家的理想，運用道家的思考來做。

可是千萬不要批判他，要讓他在自覺無趣的情形下，開始改善自己的人生觀。用老莊的悠閒走人生的成長歲月，用老莊的心情走向情愛婚姻及事業的開端，越放得開，就越能承擔；而越在乎者，就越受到壓力，反而越無法長久。

問　如果下一代的表現並非父母所期望時，父母該怎麼辦？

答　千萬別在家裡說「一代不如一代」，做父母的總希望兒女比自己行，尤其愛用自己的標準衡量子女。有次我女兒參加作文比賽，卻沒有得名，事後我問她為何落敗？她居然白我一眼說：「還不是你生的！」嚇得我趕緊閉嘴，似乎錯在我，沒有把好基因傳給女兒。我們該做的是把兒女視做自身的再活一次。因為人生就像一家人的大隊接力，要活得好，並不一定要比別人強。為了我的兒女我願意跟天下人認輸。在我成長歲月中是不大認輸的，我甚至不敢去學開車，就怕自己要狂飆而去，不知所終。天生性情就是好強嘛，但漸漸地我也學會如何把自己放下來，去面對父母兒女，不再想當英雄，因為我若跟天下人爭時，我的子女就要承受無邊的壓力，所以我開始從人間的排名退出。兒女呢，只要他盡了力，活得好就好。

問 一個沒有子孫的老人，如何來渡過他的晚年歲月？

答 這就像是沒有結婚的單身貴族一般。人們常說養兒防老，未來要靠兒女。可是他沒有結婚，也沒有兒女時怎麼辦呢？此時，就要從自己的小家庭往外擴大。像教書時，學生就是心智上的兒女，他們正走出我的路；甚至老師就是我的父母，他們的路也是我的路，他給我智慧，把人生的路交給我。就像孔子是至聖先師，是中國文化之父，中國文化都源出於他。所以我們要有心智上的兒女，就得從家族走向天下，甚至天地，推愛於後人，這是精神意義的兒女。至於現實的問題，建議所有的養老院和育幼院辦在一起，千萬不要讓老人面對老人，那只會老得更快，最好是讓老人在育幼院當義工，如此才會較有生趣。這也是我們為老人有過奉獻的最大回饋。

問　可否以最簡潔的文字來闡述您的人生哲學與價值觀，在人生價值中，您最重視的又是什麼？

答　我的哲學理念是：「哲學就是為人生開出活路來。」所以我的哲學就是人生哲學。哲學若跟人生不相干就是空的，所有的哲學智慧都必須回饋、支持人生的成長。人生智慧講得最好的是中國哲學，能夠落實在生活中，即所謂生命的鄉土、心靈的田園。我最重視的是「家」，每個人都要有家，每天不論去上學上班，傍晚回來時家還在，就是人生中支持我們活下去的最大力量。人生什麼最好，就是一家人都在一起的時候。所以我的人生沒有創業的觀念，就如剛剛有人說的：年少時已能放開，實在於我心有戚戚焉。至於讀書寫作，是為我的兒女及學生做的；小時候，我也為了父母老師讀書寫作。現在我只希望將來不要老眼昏花，才能看清楚兒女及學生的成長。這樣就能讓我覺得人生很美滿。

問 想請教老師，台北的地價很貴，居大不易，但賺的錢卻能多上一倍；可是家在台中，住在家裡總比較舒服。不知道該如何抉擇？

答 是台中人的話，我贊成回台中。因為鄉土是我們的根，像我要離開鄉土是因為我面對中國文化的根，只有在台北才能講課，才能傳遞給更多的人。但假定在台北工作較有發展性，也可以考慮留在台北，可以把台北當成是你的第二家鄉。所以我提倡第二家鄉的觀念，儘量不要搬家，才會有感情的認同與生命的歸屬，因為那種不安定感是很不好的。就像我從民國五十九年住在永和以後，即使有機會也不再搬家，因為我覺得離開西螺是我的第一個痛，不願意再產生第二個痛。因此我的建議是：要有生根的感覺那就考慮回家鄉，但要是在此工作前景較好，可以留在這兒，但一定要當做是自己的第二個家鄉。

問 從小到大，都不太能忍受別人比自己優秀，請問要如何才能突破跟知天命？

答 人生是不能比的，只要不跟別人比，每個人的命都很好，所有感覺到命不好的人都是跟別人比出來的。看看兄弟姊妹，儘管父母親都同樣的愛我們，卻還是個個不同。所以人天生是不平等的，要不平等的人一起競爭也是不公正的。因此要看開，退出排名，反正一生總要過的，為何不讓自己過得好一點？所以不要光從肉眼、心眼看世界，還要用天眼看，不光是人生的進程，也是化解困苦的妙方。

問　老師認為父母兒女都是命，必須認了。那麼夫妻也是命嗎？如果不好是否也該認了？

答　夫妻不是命，而是緣，是屬於「義」的，因為他們並不是老天爺保證做為一家人的，所以相見是緣，要講道義，合則留，不合則去，是可以分離的。過去的婚姻關係是奉父母之命完成的，而因為通過父母的命來保證，這對夫妻也就一生一世都能做夫妻。然而今天父母之命已成過去，婚姻便面對另一個難題，也就是回到「緣」上。如此則夫妻關係往往會不穩定，也就同時會影響兒女不穩定。所以我要在此提出「兒女之命」的說法，從夫妻本來的緣，轉為通過兒女而來的命，也就是請做父母的看在兒女份上，好好地做一生一世的夫妻。否則兒女將會因為失去父母而失去天地，因為父母正是兒女的天地。這樣才是婚姻永不動搖的基礎。

問　在工作上和同事相處得很好，和上司卻時有摩擦。請問是否就以「幾諫」的方式來面對，而在無效時「則去」？

答　要注意到有時關係並非單線的，在一個機關上班時，關係經常是多線複雜的。和同事能相處無間，卻因為這樣的事而求去，是值得再三考慮的。在孟子提出這段話的時代，天下事均靠君王決定，所以當君王不能賞識時，只能在他有過錯時勸諫他，他不聽也就只好離去。因為過去沒有制度，純然靠領導人物的好惡來賞罰臧否，他說什麼，就得做什麼，否則就無法行事。今天則是用制度、結構來運作，長官不過是行政體系上的負責人，不能背棄結構。所以若和同事相處和諧，或許可以同心協力來轉變上司的不合理。最怕的是自己孤軍奮鬥，其他同事不但沒有共識，而且還都願意跟著長官的腳步走，那麼你的理想必然很難實現。這時，與其一輩子傷感，就不如另擇良木而棲。依照莊子的說法就是：不管你到哪裡，就要把春天帶到哪裡。

問 **「君有過則諫，反覆之而不聽，則去。」在企業體系中，很多上位者行事是可聽而不可說，可知而不可問的。若有正義之言，勇於諫之，可能就被炒魷魚，請問該如何立足與行走於此一重功利的體系中？**

答 人際關係有時是相對的，偶爾要思索：自己真的對嗎？因為我們都站在自己的立場想。如果換做從公司的角度想，會不會有所不同？假定你是上司，你又會怎麼做？當我們覺得不合理、有所不滿時，也許該替對方想想，在易地而處時是否也會做同樣的事。一般人面對工作時，常覺得壯志未酬，要考慮這會不會只是自己的立場和想法？這是第一點。其次是，假如我們果真基於善意而有所反應，可以找個恰當時間跟負責人商討，但切記莫在公開場合進行。否則對方為求在人間立足，將會採取閉關來關閉跟你溝通的大門。所以要有適當的溝通，以公司的立場發表看法，不要一開始就說他不對。否則將成為莊子寓言中的「災人」。莊子故事中說顏回認為衛國無才，自願到衛國救人。孔子聽了就說：「你這一去就回不來了。」顏回很驚訝的反問原因。孔子的回答是：「你要去救衛國的想法，等同帶給衛國災難一般，衛國人自然會起反感。因為你要到衛國救人，不就意謂衛國沒人才嗎？還沒開口就已經得罪人了。你成為帶來災難的人，人必反災之」。人家要取得平衡，就一定以攻擊你，來為自己平反。

所以做人一定要先為對方想，以真誠的善意來回應，相信任何真誠都能被感受到。像我教書這麼久，有多次監考的經驗，但我從沒有勇氣直接面對作弊的學生，因為我總是嚇得不敢看。不敢看，其實是不忍心看，假定我親眼看到學生作弊，這個學生將來要怎麼在我面前行走呢？所以要是這邊有人作弊，我就會朝著那邊講：「請尊重考場秩序。」這就是給他一點迴轉的空間。因此人要學習用佛眼看世界，而不要用肉眼看世界。只要用天地來包容，就能退出災人的身分。

問　有人說生命是痛苦的，而「道家」卻求長生、永生，這豈不是在自討苦吃嗎？

答　在此先澄清問題，應該是「道教」求永生，而不是道家。

老莊道家，在面對死亡時是用精神飛越的。道教則是把道家精神飛越的智慧落實下來，變成身體的修鍊。所以說鍊氣士，是指靜坐吐納等功夫，而不是指老莊的空靈。

道教與醫學、科技有關的如針灸、勘輿、煉丹等，這些才是與道教有關，因為道教是要讓此生長生不老，而儒家是不說長生而說「生生」。老莊則說「不生」，心裡不執著生，死就不會來，因為老莊根本放開生，所以不受死的威脅跟傷害，讓死不存在。這才是道家的真諦。

道教是走向形體的修鍊，所以不太吃食物，呼吸也很慢，整個生命的走向是讓他逆轉回去。因為如果順著氣息的流轉人很快就會老去，一天吃三餐，人很快就會老化。道教為了不老化，就想辦法讓氣息逆轉回來，最後並修鍊讓呼吸越少越好，因為一直呼吸將會走向老化及死亡。然而道教的修鍊卻違反了自然的法則（道法自然）。道家則是順乎自然的，這是二者不同之處。

假定人生有這麼多的苦難，為何還有人追求長生不老呢？這是道教的最大難題。儒家最精采之處是要人好好活下去，開發自己的良知良能，讓生命充滿生機情趣，這該是人生的正途。因為若不能解決此問題，活著不就是痛苦的嗎？

儒家、道家，甚至是基督教、佛教的信仰，我都持肯定的態度。因為飛越生死大關不能只靠個人修為，也不能靠匹夫之勇，更不能靠江湖道，而是要靠儒家、道家、基督、佛陀的道，才能幫助我們飛越生死大關。

問 佛家常說頓悟，當下能修成正果，不再受輪迴之苦。但這跟中國傳統所言：「不孝有三，無後為大」，是不是有點矛盾？

答 是的，所以中國儒家在歷史傳統裡才會對佛家有所批判。認為佛家是在逃避人間的責任，而儒家卻是比較入世的。佛家跟道家的思想較接近，把一切看開、看破，佛家菩薩道普渡眾生，是讓「自己置之死地而後生」，再回到人間救人，由於越不怕死，越看破就越有活力，這是佛家的另一種剛猛。沒有死亡的陰影，反而可以給出生命力。所以就「家族延續」來說，出家人是不說「不孝有三，無後為大」的話，但我們相信出家人是要讓每個家族可以長久相傳下去的。所以我們以證嚴法師的法號來說，「證嚴」是證成做太太做母親是很莊嚴的，所以她帶著很多天下的太太、媽媽在人間做很多偉大的事，從這點來看似乎也沒有很大衝突。

其實我們可以同時消化多家，你可以是道家、儒家、佛家，中國明代三教合一，讀書人也是儒道佛三家合一，這三家有不同的關懷，對不同問題可以給出不同的解決方案。以信教來說，同時信很多教當然不好，但是儒家與道家不是教，你信儒家道家一樣可以當基督徒、佛教徒。但是在其他宗教之間就比較難合流會通，而中國儒道二家並行不產生困難，儒是實理，道是虛用，就以道家的智慧，實現儒家的理想，這樣怎會衝突？

問 兒孫自有兒孫福，我們要如何才能不將自己未完成的心願寄託在兒女身上，而又要去面對可能不順遂的一生？

答 「兒孫自有兒孫福」的下一句是「莫為兒孫做馬牛」，東方人，尤其是中國人一生辛苦奔忙，都只為下一代，似乎自己賺的錢都捨不得花，不安排旅遊觀光，也不欣賞文學藝術，不讓自己的生命更有情調、更有境界，反而把整個心思都放在兒女身上，這是必須看開的。為人父母的總有一天要離開子女，要想著兒女沒有自己也可以活下去；為人子女的也要想著當父母過世了，仍然能夠活下去。以這樣的觀點來飛越生死大關。人總希望能立德、立功、立言，才算不枉此生，但我們不一定要成為尖端卓越的人物，而是走自己適合的路，而在許多小說、電影中，窮苦人家的子女、平凡庸俗的夫妻，雖然沒有名利、權勢，卻平凡而動人。以道家觀點來說就是「獨立而不改，周行而不殆」，要拋開對名利、權勢的依賴，才能走回自我的獨立自主，使身心安頓，這樣的人生旅程就可以到處行走而無憾了。

所以人生最重要的事情是建立自信，一般人搶著要的我不要，這不是阿Ｑ。

社會流行的觀點往往把看開的人說是阿Q，以為是得不到才說不要。其實自己是清楚的。比如說你選擇在家陪兒女，而不去應酬，你只是不願往紛擾的人間街頭，去尋找流轉不定的名利權勢。因此要好好思考自己生活的目標及意義，告訴自己人生經常是由割捨開始。

人生存在的意義就是懂得做抉擇，要自覺知道自己在做什麼，不要懵懵懂懂，也不要亂闖別人的世界，因為那終究是別人的，像百貨公司模特兒身上的衣服，不一定適合自己穿。而從老莊禪宗的智慧來說，割捨才是擁有。所以，不要以身分地位來衡量自己這一生是否活得好，不盲從流俗、懂得割捨，才能真正走出自己的路來。

問　面對活的人比面對死的人重要，如果父親失去伴侶，做子女的應該如何支持他？

答　整個問題還是在活著的人身上。中國的喪禮很繁瑣，為的就是讓活著的人能好好活下去，「死者已矣，生者何堪」，所以整個人道關懷就往活著的人去用心。喪禮要做七七四十九天，讓所有的悲痛難過與無依之感，在「做七」中得到一種紓解。人生命中最大的傷痛是失去了最重要的親人，這時就需要整個社會、家族支持你活下去。因此若是父母中有一人過世時，做兒女的就應該多陪伴他，安慰他，讓他知道兒女還在他身邊，不讓他覺得失去伴侶的孤獨，因為失去另一半是生命中很大的折損。除此之外，還要有心理建設，告訴爸爸，媽媽永遠活在我們的心中，不要當做是一份傷感，而該轉變成一份懷念。

如此她也就在我們心中復活了。人到老了，就將面對這樣的問題，應該儘量讓兒女的傷感少一些。「善吾生者，乃所以善吾死也」，面對死亡的態度，就是讓每個活著的人好好的活下去。

問 **有時候人並不是真的怕死，而是希望在最後的時刻不要成為子女的負擔，不曉得老師對非自然死亡的看法如何？**

答 我個人是贊成「安樂死」的，因為在醫院裡，看到太多兄弟為了父母的醫療費，或父母留下的財產吵翻天的事，實在是很傷親人的心。一點也不想想父母若在加護病房聽到他們的爭吵聲，是不是還能活得下去！因此基於人間的愛，希望每個人在面對死亡時都能減少痛苦。但這還需要靠宗教、生命價值觀、法律來評估得失。但假如是我的話，我不希望我的病痛成為兒女的負擔，不過身為兒女的我，就必然要為父母爭取最後的機會。這端視每個人對生命的看法。

以莊子對飛越生命大關的看法來說，死亡不過是另一個存在形式的轉化，就如同上班後回家、工作後退休一樣，是由一個形式轉化成另一個形式，這樣就不會產生太大的衝擊，也不會讓活著的人覺得世界好像突然垮了。老實說我母親在醫院過世時是醫生的疏忽。當初她必須靠氧氣罩來過活，而加護病房有規定，插上鼻胃管超過幾星期後，就要在喉嚨開個洞，較為安全。然而主治醫師覺得不妥，住院醫師卻按規定行事，將我母親移出加護病房，推去外科手術房開刀。但一離開氧氣罩，母親的呼吸就困難了，再推回急救已來不及了。我的兄弟姊妹都認為醫生該負過失責任，但我想母親大概也不會要我們去告那照顧她幾週的醫生。我的心中也覺得母親活得很辛苦，所以就把此事放下了。

假定我母親活得如此辛苦，或許過世反而是一種解脫。所以基本上我是贊成安樂死的，但做兒女的是很難做此決定的，醫生又不敢做決定，那麼誰能來做決定呢？到最後連病人都失去了知覺，又如何做決定呢？因此將來這問題的解決是需要靠大家用心去探索的，不妨透過宗教、法律、親情來思考這個問題。

問 孔子說：「死生有命，富貴在天。」而莊子說：「安之若命。」如果人遇到不可解的問題時，是否就歸諸命，這樣是否太消極呢？難道人生不是在追求自己的目標，追求上進嗎？此外，想請問老師是否有宗教信仰？

答 命是不可解的，我們的命是父母給的，一生都要愛父母，即使愛得很辛苦、很勞累，也是不可解的。但若提到人間的遭遇，則屬於身分地位、名利權勢，是屬於整個大環境的。有人際遇好，有人機運差，這是不公平的競爭，但要整個社會公平是不可能的。因天生不公平，競爭又如何能公平呢？所以這是無可奈何的。既然無所逃，而你也逃不掉，就把它當做是天生的命吧！把人間所受到的這份傷害當做是天生的殘缺，這樣比較能接受。

《莊子》中有很多在政治迫害中被砍斷腿的人，到了最後他會問：這是天生的還是人為的？並且反問別人：你為何多了一隻腳？意思是活在今天這個時代，正常的是應該只有一隻腳，為何你有兩隻腳呢？這是人生的大智慧。不要以為他這話是消極，其實他正好相反，是積極的，不然你每天生悶氣，又如何能看開呢？只有讓自己全新的活下去，置之死地而後生，當做是天生的殘缺，也就認了，不再有傷感後悔，而是想我要如何活下去比較好，這樣才能過關。就像父母給我們的身高、體重、長相跟性向才情，就是命，不管怎麼樣，但我順應被賦予的一切而活，就能活出最好的「命」。看似消極，卻是積極，因為我憑藉自己的才智條件，走出自己一生的路程。可以很有尊嚴的活著，愛我的父母、子女、親人、朋友，這不就是人生的圓滿嗎？打天下是虛幻的，上街頭是假的，只是有些人故意轉移重點，從天倫轉往人倫去發展。所以我說人倫可以做「大哥大」，天倫卻只能做大哥，所以有人認為在家裡沒有成就，幾十年還是只能當大哥，而在外頭卻能當角頭，但這是假的，哪一個較為積極呢？恐怕是好好做人家的父母、兒女、夫妻、兄弟，而不是在外面打天下。當然，很多人在社會工作，是為了愛他的兒女、親人，或者為社會盡心盡力。但如果是認為打天下才是積極的，那他就錯了，因為很多的積極，有時只不過是個假相，看起來很威猛，事實上，卻如夢如幻，終將落空。

問 **我的父親正是您剛才提到有理想無情意的那種人，十足的完美主義者。長久以來，我感受到的只有否定與冷漠，我該如何改善我與父親日益疏離的關係？**

答 我們今天提到的一點是：我們都要回家，因為家在等我們。但是萬一家很可靠卻不可愛，那要如何回家面對父親的冷漠跟嚴厲？怎麼回家，是第一個問題。

第二個問題是有一位訪問者說：「我回到家了，但爸爸媽媽都還沒有回來。」家不過是一室的清冷。

我們是爸爸的兒子，是最親的。中國人，尤其是男人，都有些呆頭鵝的傾向，不善於表達感情。現在的年輕朋友由於在整個社會較開放的階段成長，所以表達感情就比較自然。像電視上一些年輕朋友都能很開心的玩遊戲、講笑話，假如我去就不行，因為我太在乎傳統的形象了。所以，可不可以由兒子先做？比如說回家了，父母親卻還沒回家，那麼你就來準備一點消夜如何？等他們回來了，大家一起喝喝茶，聊聊天，這是可以主動去愛的，不要等待爸爸媽媽愛我們。爸爸在他的成長年代中也許就是這樣，而且已經定型了。青少年血氣未定的話，是不是由我們來做會比較容易？所以我想，要打破這樣的嚴厲或冷漠，可以由我們做起。譬如說陪爸爸走路，就主動伸手去拉他的手。你會發現，原來做兒子的可以握著爸爸的手走路，或者是擁抱一下、拍拍肩膀，跟爸爸來一個兄弟、兄弟的親密。這樣應該說能打破隔閡。所以要是我們覺得彼此的關係有點緊張、冷漠的話，由我們來做，相信對方正等待我們做，因為他不好意思做。他長久以來當個有尊嚴的爸爸已當慣了，就很難放下自己的身段，以愛的姿態出現。兒女當然愛爸爸嘛，莊子不是說「子之愛親，命也，不可解於心」嗎？既不可解，就來愛吧，做兒子的比較容易表達親近，做爸爸的老是在等待兒子來擁抱，不要雙方都等待，由年輕的、感受力比較強的來做，情況一定能改觀。

問　如果自己的才氣，就像老師說的造成別人的壓力，該怎麼辦？如何轉變可敬卻不可愛的狀態？

答　我的才氣總是在那個地方，也總是希望與好朋友分享，最重要的是要欣賞對方的才氣，並且要去挖掘對方的長處。越是有才氣、有能力的人，越要幫朋友找到他的優點及可欣賞可敬重之處。但不是說假話，而是真心話。人人都可欣賞，只是我們沒有發現，我們都通過社會流行觀點來看：那個人能幹嗎？那個人有發展嗎？其實應該落在每個人自我的觀點來看，去挖掘肯定他的優點，而且讓別人都知道，讓他也知道。這就是我所說的，大家都做個出色的人，而不是只有自己出色。色要出來，且你要看到它，不然就可惜了這美好的花卉。所以越是有才氣的人，第一是要將才氣為大家做事，奉獻給社會。第二是要將我的才氣內斂涵藏，不要鋒芒畢露，把它化在每天做的事上，不是讓才氣尖銳的跑出來。再來就是儘可能去挖掘賞識並肯定家人朋友同事的才氣。

中央大學最近舉辦了一個紅樓夢的紀念活動，在一個座談會上，我受邀卻沒有出席，由於我到文化大學去演講，但我以播放錄音帶的方式來參與座談。我用喝茶來比喻道行——這裡指的是茶道。喝茶時，我們都喝龍井茶。龍是飛龍在天，井則是有泉水不斷往上冒的，喝了龍井茶就希望人的品味、境界會往上爬升。但不要忘記，底下要喝的是烏龍茶，烏龍就是說哪裡有龍？沒有龍！要忘掉自己是一條龍。所以不要只喝龍井，還要喝烏龍，所以台灣的茶很有道行，最好的茶就是烏龍茶。再來要喝的是什麼？是武夷茶。很多人喝茶就是在比身段——看誰是天下第一名壺，誰又是冠軍茶，把人間街頭比的又帶到茶藝館來。這就不叫喝茶了嘛！也沒有茶道了。武夷就是說放下功夫，不比了。第四泡要喝的是鐵觀音，觀音是發光的，有一種人格的光輝。鐵觀音則是光的內斂涵藏。最後一泡喝什麼？是普洱茶，茶湯濃如中藥，茶性溫厚，人人可喝，此普洱茶有如與眾生同在。這樣的階段是通過老子的四句話講的。「挫其銳」是烏龍，挫損自己的鋒銳，忘掉自己是龍；「解其紛」是武夷，夷平自己的鋒芒就沒有紛擾，「和其光」是鐵觀音，消融自己的光芒，觀音似鐵不發光；「同其塵」是普洱茶，人間如塵土，活在世上就要認同人間。人間所有的問題都有塵垢污染，但是我們都認了，因為我們有愛、有理想、有情意，陪著人家和社會同步，就像普洱茶。這一路喝下來，也就逐步把自己放下來。讓人生活得更好，才是茶道。不要變成飛龍在天，一枝獨秀，或光芒四射。所以假定自己比較有才氣，就往結構上來，我的才氣是為你們服務的，大家就沒話說了。因為就像我們能欣賞有才氣的人當國家代表隊一樣。所以首先要把自己才氣融入在工作之中，再來是欣賞對方，再來就是通過剛剛所說喝茶的表現，讓自己內斂涵藏。

問　如何將命往緣中運？又如何在現代社會中去做好人際關係？

答　命本身就有一個運，天生怎樣的人就會走怎樣的路，所以怎麼樣性格的人會有什麼樣的命運也是一定的。要改命的話只有改你這個人，改你走的路。所以真正的改命是通過教育、修養，基本上我認為命可以改，主要是通過學校的。改變我這個人，也就會改變我一生所走的路，有什麼氣質，就有什麼氣運，有什麼氣運，也就有什麼氣數，氣數就是人最後的結局。最好是不要氣數已盡，所以想改氣數就要改氣運，即中間走的路。改變中間走的路，也就要改變出發點的我這個人。所以要從改變自己開始。「才」要加上「學」，「氣」要加上「志」，如此則一生就有不同的表現。這就是將命往緣中運的意思。

其次談到人際關係，就是要讓自己的人緣變得好一點。所謂的緣是兩個不同的命在一起。兩個不同的命，在兩個不同的家庭成長，甚至年代也不一樣，有不同的成長歷程，不同的家世背景與生命價值觀，這個時候必須肯定對方為對等的地位，才會有好人緣。要有好人緣，不能什麼都由你決定。

否則人緣一定不好，因為那是優越感跟英雄氣。原來是用你來壓迫他，戀愛時老聽女朋友的，結婚後就要反過來，讓太太聽先生的。戀愛跟結婚怎會差那麼多？就是這個道理，這叫反彈。這是兩個人的問題，彼此間一定要有感應。命都有氣質，氣質能感應才會和諧，這叫交感。陰陽好像是相反的，但是會相成，就是因為能交感。所以怎麼樣讓我們的好出來，朋友的好出來，擁有共同的好，就叫好的人際關係。好的人際關係不是他每天說好話給我聽，每天投我一票，或是他每天叫你大哥大，他每天是小弟，你每天是大哥大，這不是好的緣，因為他對等的才情沒有發揮出來，你就沒有辦法吸收他的長處。我們希望朋友是對等的，我付出，你也付出，這樣才是好朋友，能一起成長，一起交會。所以某一個人一直隱藏，並不是很好的態度。希望大家都站出來肝膽相照，性情相投。所以好的緣就是你看到他的長處，他看到你的長處，互相欣賞，如此就能越來越有勁道：原來我的好，對方那麼看重，就能越來越好，就叫善緣。所以還是回到前頭的論點，每個人多讀書，有點修養，就能改命。兩個人都改命就更好，但還要找到一個交會點，這個交會才是屬於緣。所以第一要讓自己成長，第二則是要欣賞對方的好處，給對方助力，叫「與人為善」，亦即他為善，你讚許他，那就代表你對他的支持。所以家人朋友有什麼好處，請賞識他，他一定明天會比今天更好。大家都這樣的話，就叫善緣。兩個人之間是善緣的話，雙方的命就同時好起來了。所以有善緣才有好命。

問　健康幼稚園林靖娟老師的德行，就人生關卡的角度來看，為什麼好人反而死得早呢？

答　講到這兒，我不免要歎氣。人生總是會有面對死亡的一天，儒家說該讓自己的死亡顯現人性最大的光輝，引出所有人最大的感動。林老師在這次的悲劇中，讓我們在所有的傷感中看到人性的一種希望，是滿動人的；報上寫了不少感動的文章，沉睡的社會良心好像醒過來了。

人生的長久不是從活幾年來說，所以我們要論的是品質而不是數量，今天社會都用數量來說，像誰比較有錢，誰分數比較高，都是用數量衡量。今天我們應該用品質來說，以林老師的表現來看，她給出了生命最高的爆發力。把生命在面對生死關頭的當下，做一全然的發揮跟展現。所以可不可以不要用好人沒有好報來思考這個問題？我想好人的本身就是最大的好報，我們做好人不是為了求好報，而只是為了我應該做好人。並不因為我做好人以後，可以得到很多好報。當然今天社會給她很多的好報，很少人的死可以得到這麼多人的眼淚跟感動。這個感動就讓整個社會有活力，突然間台灣社會這幾天就多了幾分清新之氣。二、三十個小朋友的死亡，會讓我們傷感，但是林老師的行為，卻讓我們發現了「龍井」，如飛龍在天的生命光輝。所以我想做好人本身就是最大的好報，這是第一個問題。

不過做為一個人，我們希望人間所有好人都能有好報。於是要思考第二個問題：可否加強遊覽車的管理？不要讓有愛心的人變成烈士，人生不要逼到最後用生命來做好事。我們可以用才情氣魄、學問志向來做好事，通過民主法治、理想情意來做好事。請不要讓我們用死亡來做好事，儘管生死大關可以飛越。所以大家覺得對不起她，怎麼可以讓一個人用生命來做好事？不要，她可以每天抱幾十個幼稚園的小朋友，去呵護他們，帶他們長大，不要到最後才抱四個。所以應該從兩方面來思考，不要直接用好人沒有好報來考量。我相信這樣的「死」，是給出自己最有意義的「生」。就像置之死地而後生，她真的活出來了，活出人性的光輝，喚醒許許多多醉夢中的人，她是這一世代的社會良心。

內容簡介

《走過人生關卡》是王邦雄教授對人生必經過程的諸多觸動與感懷。首先，依孔子「君子有三戒」來解讀人生的三大難關：少年血氣未定的成長關、中年血氣方剛的事業關，以及老年血氣已衰的休閒關。跳開棄才逸氣的陷阱，化掉優越感英雄氣的傲慢，才學志氣兼修，從貼近生活的觀點，引導我們如何透過修持自身來「過關」。

而在立足人間與行走人間的過程中，還必須突破人間兩大關：自我的「命」與天下的「義」。依莊子「天下有大戒二」來講述人世中許多「不可解」與「無所逃」的難關，提醒我們如何在紅塵顛簸中安之若命，不傷感也不抗拒，當下認了不可解的「命」，也直下承擔無所逃的「義」。

此外，更論及每個人都將遭遇的「生死大關」。自儒道兩家的思想理路中，提煉出「飛越生死大關」的智慧：儒家不死之道在「生生」，道家不死之道在「不生」，由此歸結出「生死兩安心之道」，為人生的終程，開創上達天命的終極歸宿。末了以開闊的「天眼」來觀照生命的實相，將人生三大關、人間兩大關及生死大關給出合理的解釋，來釋放自家的心靈，實現情意與理想的生命價值。最終回歸本書的初衷：「自我的重新探索」。

附錄「人生對話」亦對現實人生提出諸多疑問，並以中國傳統文化的世界觀與價值觀為之解惑，引領生命在走過的同時解開，在解開的同時飛越，而自我的價值，也將在走過、解開與飛越的同時，得到充盡的實現。

本書首度於民國八十一年以《人生關卡》書名出版，經歷時空淬鍊，二十多年後的今日，仍是我們自我省思的參照點，不僅是一本討論生命學問的經典論述，更是呈現生命優美情調的抒情傑作。

作者簡介

王邦雄

畢業於台灣師範大學國文系，文化大學哲學碩士及博士，榮獲國家文學博士學位。曾任鵝湖月刊社社長、中國文化大學哲學系所教授、淡江大學中文系教授、國立中央大學中文系所教授暨哲研所教授、所長，現任淡江大學中文系榮譽教授。

著作等身，包括：《韓非子的哲學》、《老子的哲學》、《儒道之間》、《中國哲學論集》、《緣與命》、《老子道德經的現代解讀》、《老子十二講》、《莊子內七篇·外秋水·雜天下的現代解讀》等書，其中《道家思想經典文論：當代新道家的生命進路》於立緒文化出版。

校對

馬興國

中興大學社會系畢業；資深編輯。

責任編輯

王怡之

東吳大學中文系畢業；資深編輯。

封面設計

繁花似錦工作室

https://www.facebook.com/inthebloom

立緒文化全書目 -1

序號	書名	售價	訂購
政治與社會			
A0001	民族國家的終結	300	
A0006-1	信任	350	
A0007	大棋盤	250	
A0008	資本主義的未來	350	
A0009-1	新太平洋時代	300	
A0010	中國新霸權	230	
CC0047-1	群眾運動聖經	280	
CC0048	族群	320	
CC0049	王丹訪談	250	
D0003-1	改變中的全球秩序	320	
D0027	知識份子	220	
D0013	台灣社會典範的轉移	280	
D0015	親愛的總統先生	250	
CC0004	家庭論	450	
CC0019	衝突與和解	160	
啟蒙學叢書			
B0001	榮格	195	
B0002	凱因斯	195	
B0003	女性主義	195	
B0004	弗洛依德	195	
B0006	法西斯主義	195	
B0007	後現代主義	195	
B0009	馬克思	195	
B0010	卡夫卡	195	
B0011	遺傳學	195	
B0013	畢卡索	195	
B0014	黑格爾	195	

序號	書名	售價	訂購
啟蒙學叢書			
B0015	馬基維里	195	
B0019	喬哀思	195	
B0021	康德	195	
B0023	文化研究	195	
B0024	後女性主義	195	
B0025	尼采	195	
B0026	柏拉圖	195	
生活哲思			
CA0002	孤獨	350	
CA0012	隱士:透視孤獨	320	
CA0005-1	四種愛: 親愛·友愛·情愛·大愛	200	
CA0006	情緒療癒	280	
CA0007-1	靈魂筆記	400	
CA0008	孤獨世紀末	250	
CA0023-1	克里希那穆提: 最初與最後的自由	310	
CA0011	內在英雄	280	
CA0015-1	長生西藏	230	
CA0017	運動	300	
CC0013-1	生活的學問	250	
CB0003	坎伯生活美學	360	
CC0001-1	簡樸	250	
CC0003-1	靜觀潮落	450	
CI0001-2	美好生活:貼近自然,樂活100	350	
CC0024	小即是美	320	
CC0025	少即是多	360	
CC0039	王蒙自述-我的人生哲學	280	

序號	書名	售價	訂購
心理			
CA0001	導讀榮格	230	
CG0001-1	人及其象徵:榮格思想精華	390	
CG0002	榮格心靈地圖	250	
CG0003-1	大夢兩千天	360	
CG0004	夢的智慧	320	
CG0005-1	榮格・占星學	320	
CA0013-1	自由與命運:羅洛・梅經典	360	
CA0014	愛與意志	380	
CA0016-1	創造的勇氣:羅洛・梅經典	230	
CA0019	哭喊神話	350	
CA0020	權力與無知	320	
CA0021	焦慮的意義	420	
CA0022	邱吉爾的黑狗	380	
宗教·神話			
CB0001	神話	360	
CB0002-2	神話的智慧	390	
CB0004	千面英雄	420	
CB0005	英雄的旅程	400	
CD0007-1	神的歷史：猶太教、基督教、伊斯蘭教的歷史	460	
CD0016-1	人的宗教：人類偉大的智慧傳統	400	
CD0019	宗教經驗之種種	420	
CD0028	人的宗教向度	480	
CD0022	下一個基督王國	350	
CD0001-1	跨越希望的門檻(精)	350	
CD0008	教宗的智慧	200	
CD0004-1	德蕾莎修女：一條簡單的道路	210	
CD0009-1	一行禪師：活的佛陀・活的基督	230	

序號	書名	售價	訂購
宗教·神話			
CD0010	心靈的殿堂	350	
CD0011	法輪常轉	360	
CD0014	宗教與神話論集	420	
CD0017	近代日本人的宗教意識	250	
CD0018-1	耶穌在西藏:耶穌行蹤成謎的歲月	320	
D0011	全球倫理與宗教對話	250	
E0008	天啓與救贖	360	
E0011	宗教道德與幸福弔詭	230	
CD0029	宗教哲學--佛教的觀點	400	
CD0023	超越的智慧	250	
CD0024	達賴喇嘛在哈佛	280	
CD0025	幸福	260	
CD0026-1	一行禪師 馴服內在之虎	200	
CD0027-1	時輪金剛沙壇城:曼陀羅	350	
CD0005	慈悲	230	
CD0002	生命之不可思議	230	
CD0013-1	藏傳佛教世界:西藏佛教的哲學與實踐	250	
CA0018	意識的歧路	260	
哲學			
CK0006	真理的意義	290	
CJ0003	科學與現代世界	250	
E0002	辯證的行旅	280	
E0009	空性與現代性	320	
E0010	科學哲學與創造力	260	
CK0001	我思故我笑	160	
CK0002	愛上哲學	350	
CK0004	在智慧的暗處	250	

序號	書名	售價	訂購	序號	書名	售價	訂購
哲學				**文學·美學**			
CK0005	閒暇:一種靈魂的狀態	250		CE0002	創造的狂狷	350	
CC0020-1	靈知天使夢境	250		CE0003	苦澀的美感	350	
CC0021-1	永恆的哲學	300		CE0004	大師的心靈	480	
CC0022	孤兒.女神.負面書寫	400		CJ0001	回眸學衡派	300	
CC0023	烏托邦之後	350		CJ0002	經典常談	120	
CC0026	愛情的正常性混亂	350		E0006	戲曲源流新論	300	
CC0041	心靈轉向	260		E0007	差異與實踐	260	
CC0030	反革命與反叛	260		**文化與人類**			
文學·美學				CC0010	文化與社會	430	
CC0043	影子大地	290		CC0040	日本人論	450	
CC0035	藍:一段哲學的思緒	250		CC0016	東方主義	450	
CA0003	Rumi在春天走進果園	280		CC0027	鄉關何處	350	
CC0029	非理性的人:存在主義研究經典	380		CC0028	文化與帝國主義	460	
CC0015	深河	250		CC0044	文化與抵抗	300	
CC0031	沉默	250		CC0032	遮蔽的伊斯蘭	320	
CC0002	大時代	350		CC0045	海盜與皇帝	320	
CC0051	卡夫卡的沉思	250		D0023-1	遠離煙硝	330	
CC0050	中國文學新境界	350		CC0036	威瑪文化	340	
CC0033	在文學徬徨的年代	230		CC0046	歷史學家三堂小說課	250	
CC0017	靠岸航行	180		D0026	荻島靜夫日記	320	
CC0018	島嶼巡航	130		CC054	逃避主義	360	
CC0012-1	反美學:後現代論集	300		CD0020-1	巫士詩人神話	320	
CC0011	西方正典(上)	320		CC0052	印第安人的誦歌	320	
CC0011-1	西方正典(下)	320		CH0001	田野圖像	350	
CC0053	俄羅斯美術隨筆	430		D0009-1	西方思想抒寫	250	
CC0037	給未來的藝術家	320		D0012	西方人文速描	250	
CE0001	孤獨的滋味	320		CC0008	文化的視野	210	

序號	書名	售價	訂購	序號	書名	售價	訂購
文化與人類				**歷史·傳記**			
CC0009-1	行走人間	230		CF0020	林長民、林徽因	350	
CC0055	非理性的魅惑	460		CF0024	百年家族-李鴻章	360	
D0025	綠色全球宣言	360		CF0025	李鴻章傳	220	
D0028-1	保守主義經典閱讀	400		CF0026	錢幣大王--馬定祥傳奇	390	
CC0096	道家思想經典文論	380		CF0003-1	毛澤東的性格與命運	300	
E0004	文化的生活與生活的文化	300		CF0013-1	毛澤東與文化大革命	350	
E0005	框架內外	380		CF0005	記者：黃肇珩	360	
				CF0008	自由主義思想大師：以撒·柏林傳	400	
歷史·傳記				CF0021	弗洛依德(1)	360	
CC0038	天才狂人與死亡之謎	390		CF0022	弗洛依德(2)	390	
CC0034-1	菸草、咖啡、酒，上癮五百年	350		CF0023	弗洛依德(3)	490	
CC0042	史尼茨勒的世紀	390		**人文行旅**			
CK0003	墮落時代	280		T0001	藏地牛皮書	499	
CF0001	百年家族-張愛玲	350		T0002	百年遊記（I）	290	
CF0002	百年家族-曾國藩	300		T0003	百年遊記（II）	290	
CF0004	百年家族-胡適傳	400		T0004	上海洋樓滄桑	350	
CF0007	百年家族-盛宣懷	320		T0005	我的父親母親（父）	290	
CF0009	百年家族-顧維鈞	330		T0006	我的父親母親（母）	290	
CF0010	百年家族-梅蘭芳	350		T0007	新疆盛宴	420	
CF0011	百年家族-袁世凱	350		T0008	海德堡的歲月	300	
CF0012	百年家族-張學良	350		T0009	沒有記憶的城市	320	
CF0014	百年家族-梁啓超	320		T0010	柏林人文漫步	300	
CF0015	百年家族-李叔同	330		**經典解讀**			
CF0016	梁啓超和他的兒女們	320		D0001-1	論語解讀（平）	420	
CF0017	百年家族-徐志摩	350		D0016-1	老子解讀（平）	300	
CF0018	百年家族-康有爲	320		D0017-1	孟子解讀（平）	380	
CF0019	百年家族-錢穆	350		D0014-1	莊子解讀（平）	499	

立緒文化全書目 - 5

序號	書名	售價	訂購
D0018-1	易經解讀(平)	499	
D0057	大學・中庸解讀	280	
D0019	易經--傅佩榮解讀(精)	620	
D0020	莊子--傅佩榮解讀(精)	620	
D0022	論語--傅佩榮解讀(精)	500	
D0021	老子--傅佩榮解讀(精)	420	
D0024	孟子--傅佩榮解讀(精)	500	
D0006	莊子(黃明堅解讀)	390	
大學堂			
D0010	品格的力量(完整版)	320	
D0047	品格的力量(精華版)	190	
D0002-1	哈佛名師的35堂課	380	
F0001	大學精神	280	
F0002	老北大的故事	295	
F0003	紫色清華	295	
F0004	哈佛經驗	280	
F0005	哥大與現代中國	320	
F0006-1	百年大學演講精選	320	
F0007	哈佛諾頓講座之大師與門徒	250	
分享系列			
S0001-2	115歲，有愛不老	280	
S0002	18歲，無解	150	
S0003	小飯桶與小飯囚	250	
S0004	藍約翰	250	
S0005	和平:諾貝爾和平獎得主的故事	260	
S0006	一扇門打開的聲音一我爲什麼當老師	300	

訂購人：＿＿＿＿＿＿＿＿

寄送地址：

□□□

聯絡電話:（請詳塡可聯繫方式）

(O) ＿＿＿＿＿＿＿＿

(H) ＿＿＿＿＿＿＿＿

手機 ＿＿＿＿＿＿＿＿

發票方式：

□ 抬頭：＿＿＿＿＿＿＿＿

□（二聯） □（三聯） ＿＿＿＿＿＿＿＿

統 一 編 號

訂購金額：＿＿＿＿＿＿＿＿元

郵資費：

□免 / □　　元（未滿1500元者另加）

應付總金額：＿＿＿＿＿＿＿＿元

訂購備註：

（訂購單請連同劃撥收據一起傳真）

訂購請洽：立緒文化事業有限公司

電話：02-22192173　傳真：02-22194998

地址：231新北市新店區中央新村六街62號

訂購滿1,500元，免郵資寄送。

未滿1,500元，請另加郵資工本費70元整。

愛戀智慧 閱讀大師

廣　告　回　信
北區郵政管理局登記證 北臺字8448號
免　貼　郵　票

立緒文化事業有限公司　收

新北市 2 3 1

新店區中央六街62號一樓

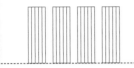

請沿虛線摺下裝訂，謝謝！

立緒文化 閱讀卡

感謝您購買立緒文化的書籍

為提供讀者更好的服務，現在填妥各項資訊，寄回閱讀卡（免貼郵票），或者歡迎上網至http://www.ncp.com.tw，加入立緒文化會員，可享購書優惠折扣和每月新書訊息。

愛戀智慧 閱讀大師

大都文化 閱讀卡

姓　名：

地　址：□□□

電　話：(　　)　　　　傳 真：(　　)

E-mail:

您購買的書名：＿＿＿＿＿＿＿＿＿＿＿＿＿＿＿＿＿＿

購書書店：＿＿＿＿＿＿市（縣）＿＿＿＿＿＿＿＿＿＿書店

■您習慣以何種方式購書？

□逛書店 □劃撥郵購 □電話訂購 □傳真訂購 □銷售人員推薦
□團體訂購 □網路訂購 □讀書會 □演講活動 □其他＿＿＿＿＿

■您從何處得知本書消息？

□書店 □報章雜誌 □廣播節目 □電視節目 □銷售人員推薦
□師友介紹 □廣告信函 □書訊 □網路 □其他＿＿＿＿＿＿＿

■您的基本資料：

性別：□男 □女　婚姻：□已婚 □未婚　年齡：民國＿＿＿＿年次

職業：□製造業 □銷售業 □金融業 □資訊業 □學生
□大眾傳播 □自由業 □服務業 □軍警 □公 □教 □家管
□其他＿＿＿＿＿＿＿＿＿＿＿＿＿＿＿＿＿＿＿＿＿

教育程度：□高中以下 □專科 □大學 □研究所及以上

建議事項：

立緒文化事業有限公司　信用卡申購單

■信用卡資料

信用卡別（請勾選下列任何一種）

□VISA　□MASTER CARD　□JCB　□聯合信用卡

卡號：＿＿＿＿＿＿＿＿＿＿＿＿＿＿＿＿＿＿＿＿

信用卡有效期限：＿＿＿＿年＿＿＿＿月

訂購總金額：＿＿＿＿＿＿＿＿＿＿＿＿＿＿＿＿

持卡人簽名：＿＿＿＿＿＿＿＿＿＿＿＿＿＿＿＿（與信用卡簽名同）

訂購日期：＿＿＿＿年＿＿＿＿月＿＿＿＿日

所持信用卡銀行＿＿＿＿＿＿＿＿＿＿＿＿＿＿＿＿

授權號碼：＿＿＿＿＿＿＿＿＿＿＿＿＿（請勿填寫）

■訂購人姓名：＿＿＿＿＿＿＿＿＿＿＿＿＿＿性別：□男□女

出生日期：＿＿＿＿年＿＿＿＿月＿＿＿＿日

學歷：□大學以上□大專□高中職□國中

電話：＿＿＿＿＿＿＿＿＿＿＿＿　職業：＿＿＿＿＿＿＿＿＿＿＿＿

寄書地址：□□□

＿＿＿＿＿＿＿＿＿＿＿＿＿＿＿＿＿＿＿＿＿＿＿＿＿＿＿＿＿＿

■開立三聯式發票：□需要　□不需要（以下免填）

發票抬頭：＿＿＿＿＿＿＿＿＿＿＿＿＿＿＿＿＿＿＿

統一編號：＿＿＿＿＿＿＿＿＿＿＿＿＿＿＿＿＿＿＿

發票地址：＿＿＿＿＿＿＿＿＿＿＿＿＿＿＿＿＿＿＿

■訂購書目：

書名：＿＿＿＿＿＿＿、＿＿＿＿本。書名：＿＿＿＿＿＿＿、＿＿＿＿本。

書名：＿＿＿＿＿＿＿、＿＿＿＿本。書名：＿＿＿＿＿＿＿、＿＿＿＿本。

書名：＿＿＿＿＿＿＿、＿＿＿＿本。書名：＿＿＿＿＿＿＿、＿＿＿＿本。

共＿＿＿＿＿＿本，總金額＿＿＿＿＿＿＿＿＿＿＿＿元。

⊙請詳細填寫後，影印放大傳真或郵寄至本公司，傳真電話：(02)2219-4998

國家圖書館出版品預行編目資料

走過人生關卡／王邦雄著.－初版.－新北市新店區：
立緒文化，民 103.2
面；公分.（新世紀叢書）

ISBN 978-986-6513-94-7（平裝）

1.人生哲學

191.9　　103000626

走過人生關卡

出版——立緒文化事業有限公司（於中華民國 84 年元月由郝碧蓮、鍾惠民創辦）
作者——王邦雄

發行人——郝碧蓮
顧　問——鍾惠民

地址——新北市新店區中央六街 62 號 1 樓
電話——(02)2219-2173
傳真——(02)2219-4998
E-Mail Address: service@ncp.com.tw
網址：http://www.ncp.com.tw
劃撥帳號——1839142-0 號　立緒文化事業有限公司帳戶
行政院新聞局局版臺業字第 6426 號

總經銷——大和書報圖書股份有限公司
電話——(02)8990-2588
傳真——(02)2290-1658
地址——新北市新莊區五工五路 2 號
排版——伊甸社會福利基金會附設電腦排版
印刷——祥新印刷股份有限公司

法律顧問——敦旭法律事務所吳展旭律師

分類號碼——191.9
ISBN 978-986-6513-94-7（平裝）
出版日期——中華民國 103 年 2 月初版　一刷 (1～2,000)

定價◉230 元（平裝）